AF313210

Vente du 28 au 30 Janvier 1904

(HÔTEL DROUOT)

COLLECTION L. B.

EX-LIBRIS ANCIENS

FRANÇAIS ET ÉTRANGERS

PREMIÈRE PARTIE

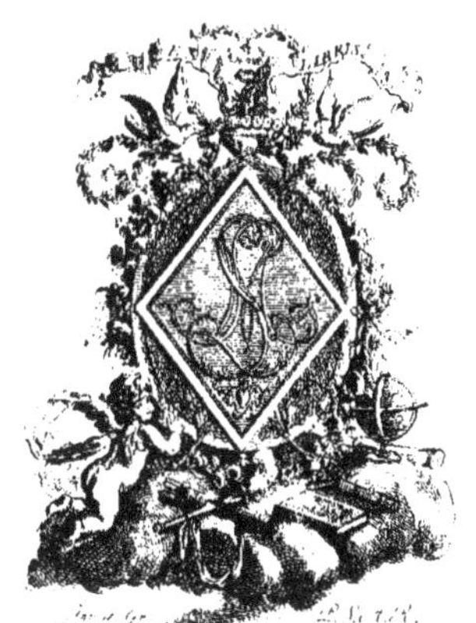

Nº 284 du Catalogue.

PARIS

ÉM. PAUL ET FILS ET GUILLEMIN

LIBRAIRES DE LA BIBLIOTHÈQUE NATIONALE

28, RUE DES BONS-ENFANTS, 28

1904

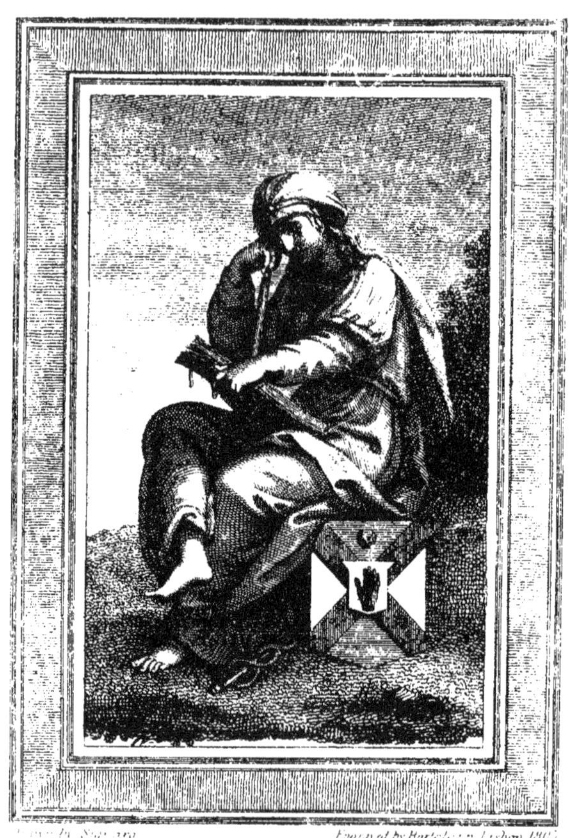

Sir Thomas Gage Bar.t Hengrave Hall Suffolk.

N.o 531 du Catalogue.

EX-LIBRIS ANCIENS

FRANÇAIS ET ÉTRANGERS

PREMIÈRE PARTIE

LA VENTE AURA LIEU

Du Jeudi 28 au Samedi 30 Janvier 1904

A DEUX HEURES PRÉCISES DU SOIR

A L'HOTEL DES COMMISSAIRES-PRISEURS, RUE DROUOT, 9

Salle N° 8

Par le Ministère de M⁰ **MAURICE DELESTRE**, Commissaire-Priseur

5, RUE SAINT-GEORGES, 5

Assisté de **MM. ÉM. PAUL et FILS et GUILLEMIN**, Libraires-Experts

28, RUE DES BONS-ENFANTS

EXPOSITION PARTICULIÈRE

Du Lundi 25 au Mercredi 27 Janvier 1904

28, RUE DES BONS-ENFANTS

De 3 heures à 5 heures

ORDRE DES VACATIONS

PREMIÈRE VACATION. — *Jeudi 28 Janvier 1904* . . . . 1 à 190
DEUXIÈME VACATION. — *Vendredi 29* — . . . . 191 à 379
TROISIÈME VACATION. — *Samedi 30* — . . . . 380 à 561

CONDITIONS DE LA VENTE

La vente se fait expressément au comptant.
Les acquéreurs payeront 10 pour cent en sus des enchères.

**Les Experts chargés de la vente rempliront les commissions
des personnes qui ne pourraient y assister.**

COLLECTION L. B.

EX-LIBRIS ANCIENS

FRANÇAIS ET ÉTRANGERS

PREMIÈRE PARTIE

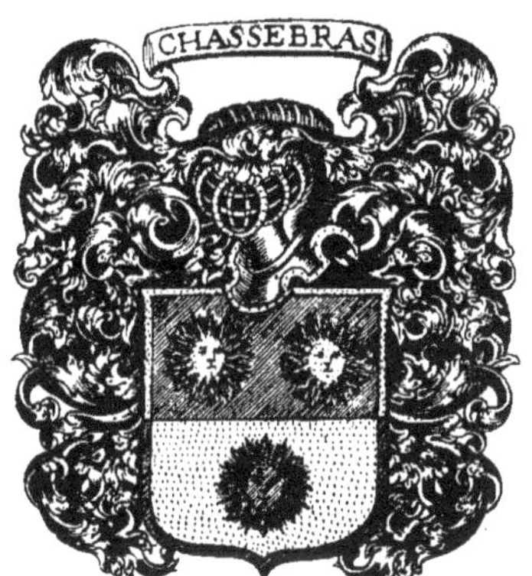

Nº 12 du Catalogue.

PARIS

ÉM. PAUL ET FILS ET GUILLEMIN

LIBRAIRES DE LA BIBLIOTHÈQUE NATIONALE

28, RUE DES BONS-ENFANTS, 28

1904

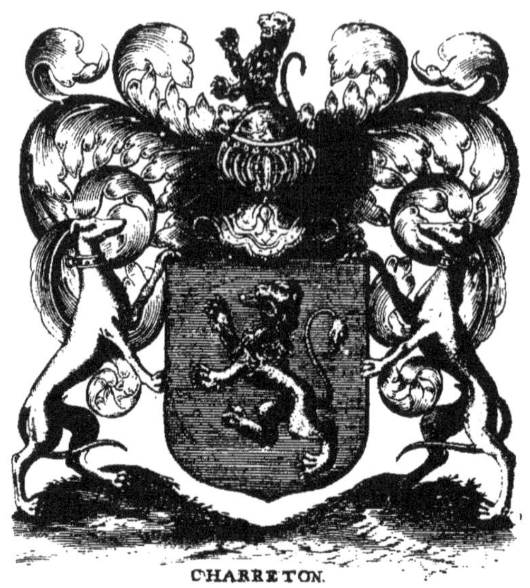

CHARRETON.

N° 11 du Catalogue.

EX-LIBRIS

FRANCE

XVIIe SIÈCLE

1. **Adam** (J.): in-24.

    Petite pièce très rare.

2. **Anonyme**. (*D'argent à l'ours debout de gueules, colleté et en-chaîné, accolé d'or au trèfle de pourpre surmonté de deux étoiles de sable*); in-4.

    Superbe pièce.

1

3. (**Aubigné**) (Constant, baron d'), père de Madame de Maintenon (?), gr. par *J. Regnault;* in-4.

Très belle et rarissime pièce.

4. **Bidar** (Pierre-Alexandre).

5. **Bigot** (L.-E.), par *B. D.* — Bigot de Graveron la Turgère. — Ensemble 2 pièces.

6. (**Boudon de Saint-Amans**).

7. **Bouhelier** (Ch.-Fr.); in-8.

8. **Briois** (l'abbé Vigori de), gr. par *de Meuse;* in-8.

Jolie pièce anonyme.

9. (**Caradas**), famille normande.

10. **Carpentier**, conseiller du Roi.

11. **Charreton**, gr. par *Jean-Picart?*

Belle épreuve à toutes marges.

12. **Chassebras**.

Jolie pièce, très rare.

13. (**Clopin**), amateur dijonnais.

Belle épreuve à toutes marges.

14. **Colaud** (Matthieu).

15. **Corraud** (J.-B.-P.), membre du Parlement; gr. à l'eau-forte.

Curieuse pièce.

16. **Douay du Prehedrez** (N.-F. de).

17. (**Du Mottet**). — 2 pièces différentes.

Très rares.

18. **Dumoustier de Vatre** (Pierre-Jacques), par *J.-B.-H. Bonnard.*

19. **Félibien** (André), sieur des Avaux, gr. en 1650.

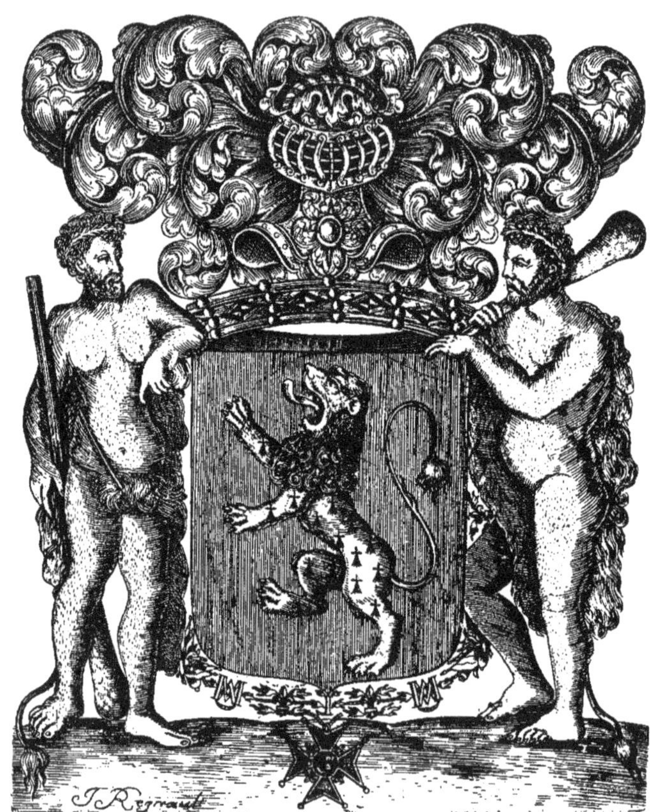

N° 3 du Catalogue.

20. (**Fevret de Fontette**).

Rare.

21. (**Fresne ?**) (Théophile du); in-fol.

Belle pièce manuscrite, *peinte en or et couleur*.

22. **Galliard** (Michel), avocat général au Parlement de Dombes.

23. **Geoffroy** (Jean), conseiller du Roi, à Epernay.

24. **Geoffroy** (Math.-Fr.), doyen et chef de la corporation des pharmaciens parisiens, gr. par *Duflos*, d'après *Séb. Le Clerc* ; in-8.

Très jolie pièce. — Épreuve sans marges.

25. (**Geuffrin**, accolé de La Haye des Fossés) ; in-16.

Petite pièce très rare, gravée à l'eau-forte.

26. **Godefroy** (Denis).

27. **Grangier** (Guillaume), par *J. Valdor*, à Nancy.

Rare.

28. **Gravel** (Robert de), seigneur de Marly-Voivre ; in-8.

29. **Grimod** (Ant.), aïeul du célèbre gastronome ; in-16.

Petite pièce rare.

30. **Guillou** (Jean) ; petit in-8. — 2 états différents.

31. **Guyet de la Sourdière** ; in-8.

Très rare.

32. **Horcholle** (Th.), prêtre et curé doyen à Rouen ; in-8.

33. **La Loge du Bassin** (Pierre de).

34. **(La Mothe)** (Jean-François de).

35. **(La Perelle ?)**; avec la devise : *Peregrinus ubique*.

36. **Legaré** (Pierre). — 2 états différents.

Rares.

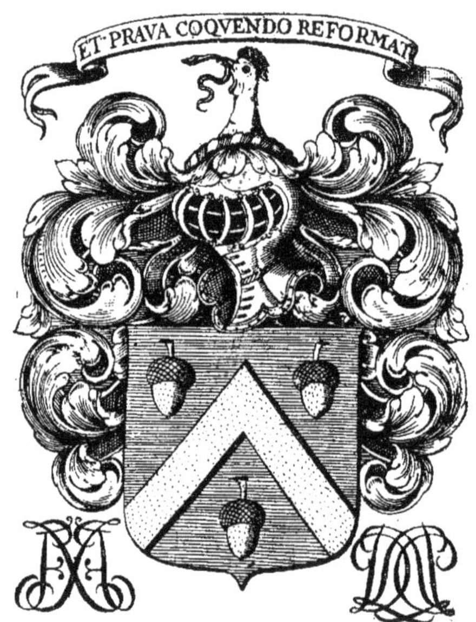

N° 34 du Catalogue.

37. **(Le Gendre de Saint-Aubin)**, gr. par *P. Giffart*.

Rare. — Épreuve à toutes marges.

38. **Ménage** (Gilles); 1692.

Épreuve à toutes marges.

39. **Normandeau** (André-Alexandre), docteur médecin. — 3 états in-12 et petit in-4, dont un tiré en sanguine.

40. Pellot, premier président du Parlement de Normandie, gr. par *J. T.* (*Jean Toustain*); in-8 en largeur.

Épreuve avec la marge droite très rognée.

41. Petau (Alexandre), conseiller au Parlement, gr. probablement par *Jean Picart* (?)

42. Regnard de la Roncière (C.-N.); in-8.

Petites déchirures dans la légende.

43. Reims (Bibliothèque du chapitre de), gr. par *Collin.* — 2 pièces in-12 et in-16.

On a ajouté l'étiquette gravée de MICHEL DE BLANZI, chanoine de l'église de Reims, 1689.

44. Risler (Josué), (de Mulhouse).

45. (**Roussin ?**), avec la devise *Cœlum non solum.*

46. Saint-Cyr (Maison Royale de); in-16, gr. sur cuivre.

47. Salvaing (Aymon de), seigneur de Boissieu, surnommé le Chevallier hardy; in-4.

Superbe pièce, très rare.

48. Santans (de), par *Nicole ;* in-4.

Très belle pièce, fort rare.

49. (**Scott de la Mésangère**); in-4.

Rare.

50. Serrette (Michel), prêtre; in-8.

Rare. — Belle épreuve.

51. Thibault (Girard), par *Blondus.*

Jolie pièce finement gravée (armoiries ou ex-libris ?)

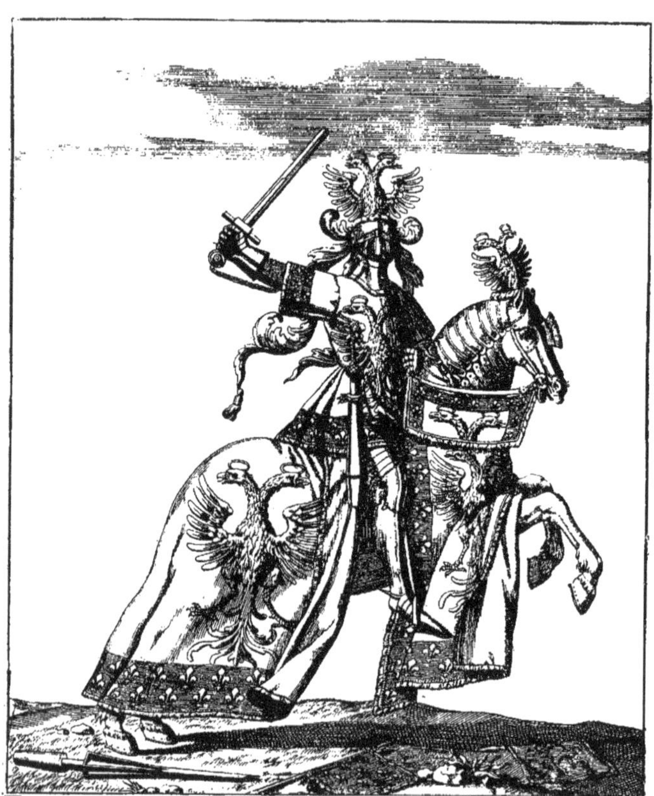

AYMON DE SALVAING SEIGNEVR DE BOISSIEV

Surnommé le cheuallier hardy. 1505.

Nº 47 du Catalogue.

52. **Thou** (J.-A. de), gr. par *Séb. Le Clerc* (frontispice du catalogue de sa bibliothèque).

53. **Tralage** (Jean-Nicolas de).

54. **Valois** (Adrien de), seigneur de La Mare, conseiller et his-
toriographe du Roy, gr. par *P. Giffart* (?); in-8.

   Très rare. — Belle épreuve à toutes marges.

55. **Velle de Villette** (de). — 2 pièces différentes.

———————

56. **Aubret** (Louis). — BERTIN. — Fr. BERTRAM. — L.-T.-J. BON-
NIER. — CAUMARTIN. — CAUMARTIN de Saint-Ange. — J.-Fr.
COLLOMBAT. — Ensemble, 7 pièces.

57. **Courtin** de Perreuse (C.). — Louis-César de CRÉMEAUX
d'Entragues. — (DAYROLLES). — D. DECAQUELON. — D. DENIS.
— Th. DU FOSSÉ. — Ensemble, 6 pièces.

58. **Dumoustier** de Vatre (Pierre-Jacques). — FASSIN. — Nic.-
Jos. FOUCAULT. — B.-H. de FOURCY. — (GALLOIS de Maquer-
ville). — Ant.-Pierre GEOFFROY (petite déchirure). — Ensemble
6 pièces.

59. **(Girardot** de Préfonds). — (De HAUSSY de Robécourt). —
Pierre-Daniel HUET; 1692. — LA HAYE des Fossés. — LE BOURG.
— LE ROUX d'Esneval. — Ensemble, 6 pièces.

60. **Mainssonnat** (Gilbert). — Jac. MERLET. — Louis MIDAN, gr.
sur bois. — (MOUCHARD?); 2 états. — Louis de VIENNE, par
Gosset; 2 états. — Ensemble, 7 pièces.

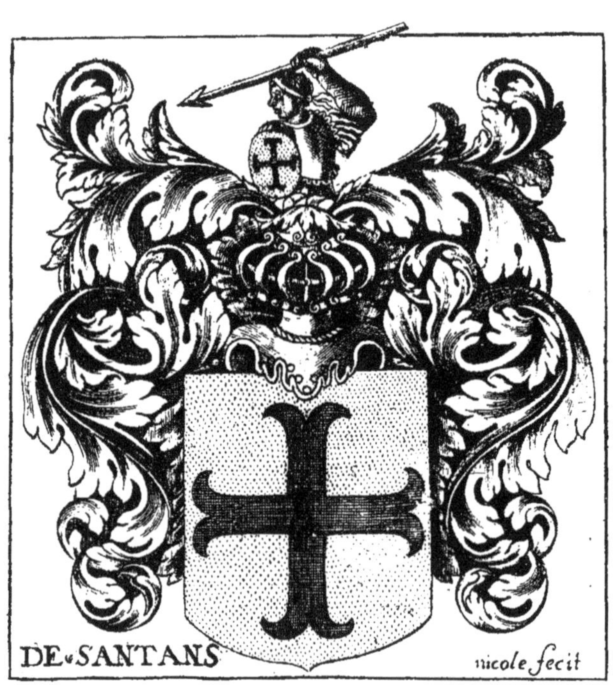

N° 48 du Catalogue.

XVIIIe SIÈCLE

61. Affry (le comte d'), gr. par *Demonchy*.

  Belle épreuve à toutes marges.

62. (Albert d'Ailly, duc de Chaulnes). — 3 pièces différentes
dont une tirée en sanguine.

63. Amat de Volx (Fr.-Aug. d').

64. Angerville (le comte d'), 1778.

65. Anonyme. (*D'azur à la fasce d'argent chargée d'une quinte-
feuille de gueules, accompagnée en chef d'un bœuf passant cou-
ronné et en pointe de 3 bandes d'or*), avec la légende *Suam legem
fecit equitas...* par (*L.) Monnier.*

  Très jolie pièce, rare.

66. Anonyme. *(De gueules à la croix d'or adextrée au premier
canton d'une macle du même);* in-8 en largeur,

  Très belle pièce en épreuve à toutes marges.

67. Arbanère.

68. Archambault (D.-D. d'), gr. par *Sergent-Marceau,* à Char-
tres, en 1778.

  Jolie pièce.

69. Arconville (Madame d'), gr. par *Louise le Daulceur,*
d'après *Ch. Eisen.*

70. Bailleul (de), par *Campion.*

71. Bally (Marc-Joseph), abbé de l'église Saint-André, à Gre-
noble. — 2 états différents.

72. Bar (Marie-Louis-Bart., comte de), lieutenant au Régt d'Inf.
du Roy; 1776.

73. **Baschi** (Charles de), marquis d'Aubaïs. — 3 pièces différentes.

75. (**Bec-Hellouin**), abbaye de l'ordre de Saint-Benoît, diocèse
d'Evreux ; in-8.

76. **Bernard,** jurisconsulte, gr. à l'eau-forte par *Dupuy fils ;*
petit in-8.

77. **Besançon** (Bibliothèque des Grands-Carmes de) ; in-8.

78. (**Béthune**, duc de Charrost). — 2 pièces : in-16 et in-12, gr.
.par *Tardieu*, d'après *Tharsis*.

79. **Bieswal** (Benoît), avocat au Parlement, par *Vacheron*. —
2 variantes, dont l'une datée de 1769.

80. **Biston**, gr. par *J. L. ;* in-16.
Petite pièce rare.

81. **Bollioud**, receveur général du clergé de France.

82. **Bona** (Claude-Édouard de), conseiller au Parlement de
Bourgogne.

83. **Bouché** (Antoine), par *Jacquemin*.

84. **Bouillet** (Ben.-Guill.-El.), procureur général au Parlement
de Bourgogne. — 2 états différents.

85. **Bouillet d'Arlod** (J.-B.-Ant.), syndic général de la noblesse
du Bugey ; in-8.

86. **Bouju**, gr. par *Desmaisons*, d'après *L. Chenu*, en 1780.

87. **Boula de Coulombiers**. — Ant. Boula de Montgodefroy.
— Ant.-Fr.-Alex. Boula de Nanteuil, 1777. — Ensemble
3 pièces.

88. **Boulmiers** (J.-A.-Julien des), ancien capitaine de cavalerie,
par *R.-A. Wieilh ;* in-8.

89. **Bourbon** (le comte de).

90. Bourgeois (Bart.-Lud.-Matt.).

Curieuse pièce.

91. Bourlet de Vauxcelles.

Jolie pièce.

92. Brallet (Jean-François), conseiller du Roi, gr. par *Jos. Gamot;* in-8.

Très belle pièce. — Épreuve un peu fatiguée.

93. Brevillier, par *Le Soing*, à Nancy.

94. Brochant du Breuil, conseiller au Parlement, gr. par *Mathey*.

95. Brosses (Charles de), premier président au Parlement de Dijon. — 5 pièces différentes: in-16, in-12 en largeur; in-12, gr. par *A. Aveline;* deux in-8, gr. par *Durand*.

96. Bu de Lonchamp (du), gr. par *Ollivault*.

97. Buissy (de), par *P.-P. Choffard*, en 1759.

98. Cambon (Fr.-Tr. de), évêque de Mirepoix, gr. par *J. Mercadier;* grand in-8.

99. Camus de Filain (Ant.-Ign. de), abbé de Claire-Fontaine, chanoine de l'église de Besançon, gr. par *Bouchy*, en 1739; petit in-8.

Rare.

100. Canel (de).

Curieuse pièce, rare.

101. Cannac. — 2 pièces différentes, dont une anonyme.

102. Carrère (Joseph), médecin et chirurgien à Perpignan (1761 ?); in-8.

Curieuse pièce.

103. Carvoisin (le comte de), gr. par *Collin*, à Nancy, en 1773.

104. Caulet d'Hauteville.

105. (**Caylus de Rouairoux**). — 3 pièces différentes, dont une gr. par *Baour* en 1749, et une autre par *Aubert*.

106. **Chambéry**. — Bibliothèque des Dominicains de Chambéry.

> Curieuse pièce.

107. **Chambon de Contagnet** (J.-A.-T.), gr. par *Du Palluël*.

108. **Champcenetz** (de).

109. **Chapais** (D.) avocat général.

110. **Chappuis de la Goutte** (A.), gr. par *Mandonnet*, en 1760.

111. **Charles** (J.-F.), chanoine de Langres, prieur de Fouchecour; in-8.

> Épreuve à toutes marges.

112. **Charton** (de).

113. **Chastanet** (C.-L.-J.), chirurgien, gr. par *Durig*, à Lille; petit in-8.

> Jolie vue de son cabinet de travail.

114. (**Chauvelin**, garde des sceaux). — (CHAUVELIN, directeur des finances). — (CHAUVELIN, maréchal de camp, accolé de Mazade d'Argeville). — Ensemble 3 pièces.

115. **Chevalier**, gr. par *J.-C. Maurisset*. — 2 états dont un AVANT LA LETTRE.

116. **Chevallier** (Armand).

> Jolie pièce. — Épreuve un peu rognée.

117. **Choderlos** (Jean-Ambroise).

118. **Cinier** (Jean-Joseph).

> Jolie pièce.

119. **Claret de la Tourette** (Jacques-Annibal), membre de la Cour des monnaies de Lyon. — 2 pièces différentes datées de 1719 et de 1740.

120. **Clermont-Tonnerre** (Louis-Ainard de), abbé de Luxeuil, gr. par *Viotte*.

121. **Colmar** (Société littéraire de).

Curieuse et très rare pièce.

122. **Convers** (Pierre-Antoine), Laonnais, gr. par *L. G. Monnier*, en 1762.

123. **Corréard** (J.-M.-A.), docteur-médecin.

124. **Cossé** (le chevalier de); in-12. — Le duc de Brissac; in-8. — Ens. 2 pièces différentes.

125. **Cotteau** (Louis), chanoine de l'église de Cambrai, gr. par *Danchin*, à Cambrai.

126. **Cottin** : Cottin de Fontaine, gr. par *T. C. Guillaume*. — Cottin (de Fontaine?) *gr. par le même* (petite coupure). — Henri-Daniel Cottin; petit in-8. — Ensemble, 3 pièces différentes.

127. **Courcy** (de). — 3 pièces différentes dont une gr. par *Danchin*, à Cambrai.

128. **Couvert** (de), gr. par *Goüel*.

Épreuve à toutes marges.

129. **Crémeaux d'Entragues** (Louis-César, marquis de). — 2 pièces différentes.

130. **Crochart** (le chevalier de).

131. **(Crozat, baron de Thiers)**, par *F. Boucher*.

Rare.

132. **Culon de Vilarsson** (L.-A. de).

133. **Damas** (la comtesse Ch. de). — Le comte Damas d'Anlezy. — Ensemble 2 pièces.

134. **Davollé** (Guill.-Nic.), prêtre.

Jolie pièce tirée à la sanguine.

135. Davy de Chavigné, gr. par *d'Etrouville*, en 1772.

Épreuve coloriée.

136. Deschamps de Saint-Amand (Jacques). — Louis DES-CHAMPS DES TOURNELLES, gr. par *Moreau*. — Ensemble 2 pièces.

137. Deu (par *Varin*).

Jolie pièce.

138. Dogny (Nicolas), par *Collin*.

139. Doyen (A.-F.), membre du Parlement de Paris. — 2 états différents.

140. Duché, gr. par *de Launay*, d'après *Marillier*, en 1779.

Charmante pièce très finement gravée.

141. Dudouët (Ph.). 2 pièces différentes, in-12 en largeur.

142. Dupont, ancien intendant de l'École Militaire.

143. Dutaillis.

Rare.

144. Ernon (J.-P.), médecin ordinaire de S. A. R. le comte d'Artois.

145. Espiennes (Louis d').

Rare.

146. Estaing (abbaye d')?, diocèse de Verdun; 1727.

147. Failly.

148. Fauconpret de Thulus (de). — 2 pièces différentes, l'une gr. par *Vacheron*, l'autre par *Helman* et tirée en bleu.

149. Favart (J.-B.-J.), docteur en théologie à Paris. — 2 pièces différentes, dont une paraît être de la fin du xviie siècle.

150. Filhot (de), conseiller au Parlement de Bordeaux, par *Pallière*.

151. Fleurieu (le chevalier de). — 2 pièces différentes in-12 et in-8.

152. Foissey (Alexis), à Dunkerque, gr. par *Thérèse Brochery*.
— 2 états différents.

Dans le deuxième état, fort rare, la couronne de comte est remplacée par un niveau maçonnique.
Le nom gravé sur notre exemplaire du premier état est recouvert par un nom manuscrit.

153. Fontenay (A.-P.| de), président au bailliage d'Autun, dessiné et gravé par *Moreau le Jeune*, en 1770; in-8.

Rare et très belle pièce.

154. Formentin (Daniel), avocat à Abbeville, gr. par *Chollet*.

155. Fortia (le comte de). — Fortia-Montréal. — Le marquis de Fortia. — Ensemble 3 pièces.

156. Fourqueux (de), procureur général de la Chambre des Comptes. — 2 pièces différentes, dont une gr. par *Crépy*.

157. Frizon de Blamont (Nicolas-Rémy), président au Parlement, gr. par *J. Le Roux*, à Paris, le 14 août 1704.

158. Fromageot (l'abbé), prieur, seigneur de Goudargues, Ussel, etc., gr. par ...*vault*.

159. Froment, gr. par *Danchin*, à Cambrai.

160. Fuligny Damas (Marie-Gabrielle de Pons-Praslin, comtesse de), gr. par *Cl. Roy*; petit in-4.

Belle épreuve à toutes marges.

161. Fuligny. — La même; in-12, gr. par *Cl. Roy*.

Belle épreuve à toutes marges.

162. (Gaignon de Vilaines).

Épreuve avant la lettre.

163. Gaime (F.-S.-A.), gr. à l'eau-forte par *Pariset*.

164. Gallois (Pierre-Juvénal), seigneur de Belleville, gr. par *Branche*.

165. Ganot (Gaspard), capitaine au régiment de cavalerie Royal-Pologne.

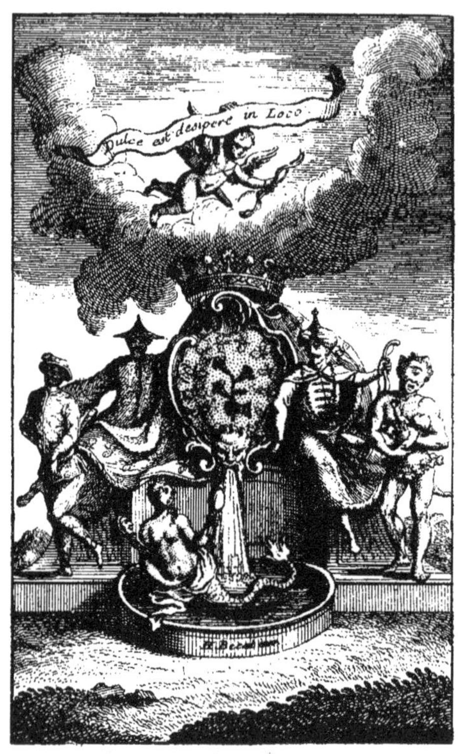

Nº 172 du Catalogue.

2

166. Gastaldy (J.-B.), docteur-médecin, par *Veyrier*, 1752.

167. Gaullard de Saudray (Ch.-Em.), résident de France à Berlin; 1770.

Petite pièce rare.

168. Geille-Saint-Léger de Bonrecueille (Charles); in-8.

Curieuse pièce à emblèmes maçonniques. — Rare.

169. Godran (Collège Charles), à Dijon; in-8.

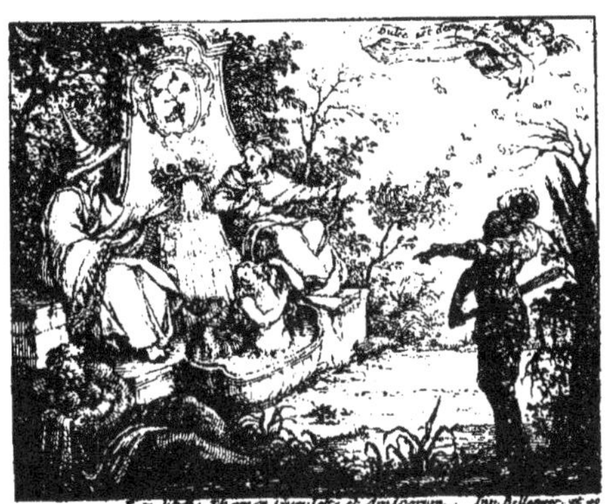

N° 173 du Catalogue.

170. Gosset de Saint-Clair, docteur de la Faculté de Montpellier, gr. par *Gaucher*.

Charmante pièce. — Epreuve un peu courte de marges.

171. Guenet-Delouye (l'abbesse L.-E.).

172. Gueulette (Thomas), gr. par *H. Becat*; in-8.

Curieuse et très rare pièce.

173. Gueulette (Thomas), dessiné et gravé à l'eau-forte par *Bellanger*; in-12 en largeur.

Pièce curieuse, tout aussi rare que la précédente.

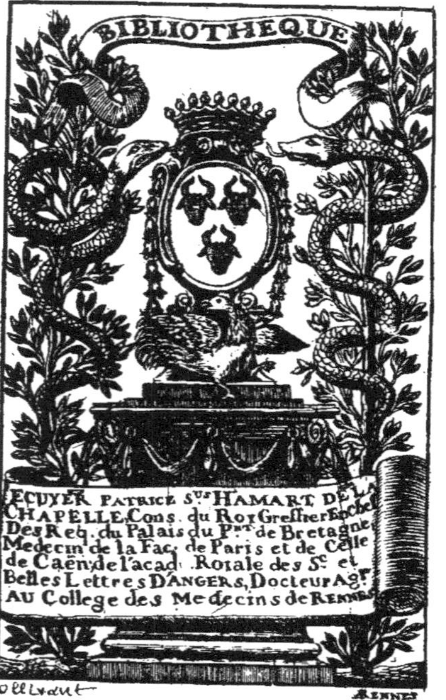

N° 174 du Catalogue.

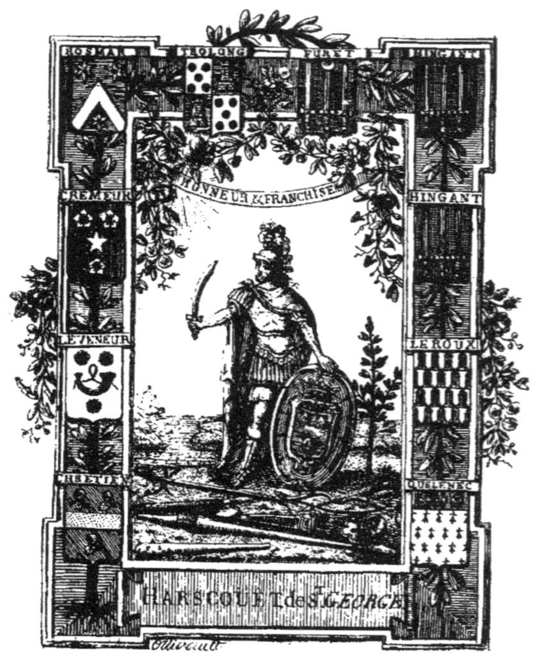

N° 475 du Catalogue.

174. **Hamart de la Chapelle,** conseiller au Parlement de
Bretagne, médecin à Rennes, gr. par *Ollivault*, à Rennes ; in-8.
> Curieuse et très belle pièce. — Rare.
> Raccommodage à l'angle inférieur de gauche enlevant le nom du graveur.

175. **Harscoüet de Saint-George,** gr. par *Ollivault* ; in-8.
> Jolie pièce, fort rare. — Épreuve à toutes marges.

176. **Heliand** (le comte d'), gr. par *Gossard*.

177. **Héliot** (Benoit d'), ex-dono à la Bibliothèque du clergé de
Toulouse, gr. par *Arthaud*.

178. **Hénault** (le président), (gr. par le comte de *Caylus*, d'après
Boucher) ; petit in-8.

179. **Hospital Comtesse** (A l'), par *Merché*, 1753.

180. **Hozier** (Louis-Pierre d'), généalogiste, juge d'armes de
France.

181. **Huguenin-Dumitand** (F.), gr. par *M. Thévenard*.

182. **Huquier** (J. G.), *par lui-même* ; in-8.
> Rare.

183. **Isambert** (J.-J.), par *N. Le Mire*.
> Petit trou.

184. **Jeanjean** (Antoine), chanoine de St-Pierre, recteur de
l'Université de Strasbourg. — 3 pièces différentes, in-16, in-12
et grand in-8.

185. **(Joly de Fleury)**, gr. par *J Audran*, d'après *Desmarestz* ;
in-8 en largeur.

186. **Jordan,** président à Agde.

187. **Joubert** (de), gr. par *Chalmandrier* ; in-8. — 2 variantes,
l'une comme « Président de la Cour des comptes de Montpellier » ; l'autre comme « Trésorier des états de Languedoc. »
> Jolies pièces.

188. **Joubert** (de), trésorier des états de Languedoc ; in-12. —
3 variantes dont une gr. par *Maugein*.

189. **Julien,** avocat ; petit in-4.
> Rare.

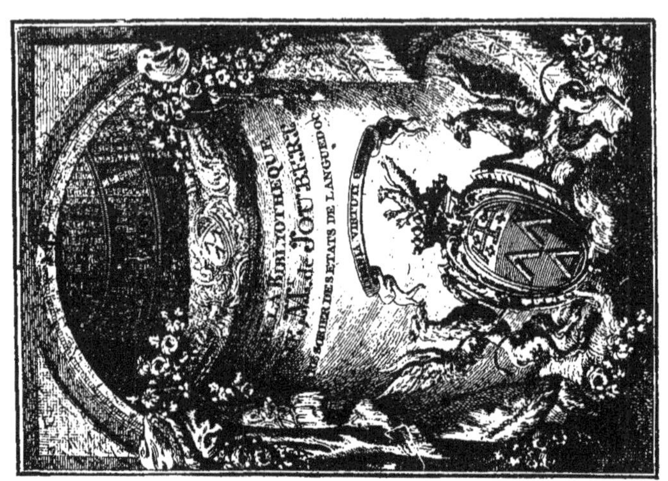

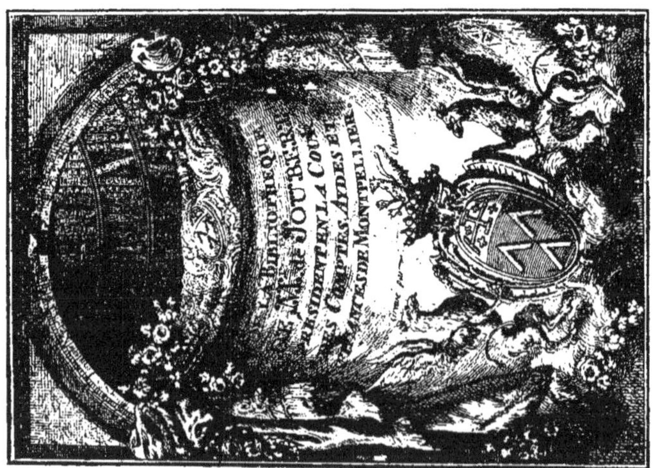

N° 187 du Catalogue.

190. **Labat** ; in-8 en largeur.

191. **Labbé** (Jean-Bapt.-Bern.), par *Mansuy* (?).

Bel *ex-libris* d'un membre de la famille Labbé de Coussey (Lorraine).

192. **Laflize** (D.), maître en chirurgie à Nancy, gr. par *Collin*, à Nancy, en 1768 ; in-8.

Belle épreuve.

193. **La Maillardière** (le vicomte de), gr. par *L. Legrand*.

194. (**Lanau**) (André-Barth.), avant l'anoblissement. — Le même, conseiller du Roi à Arles, après l'anoblissement (gr. par *Michel*). — 2 pièces différentes.

195. **Lannoy de Clervaux** (le comte).

Épreuve à toutes marges.

196. **Larcher**, dessiné et gr. par *Gamot*.

197. **Lardet** (Michel), prêtre. — 2 états différents, dont un à l'état d'eau-forte, *avant la lettre et le cadre*, et le nom du propriétaire manuscrit.

198. (**Larguier ?**, avocat à Marseille).

199. **La Rochelle** (Académie Royale de) ; petit in-8.

Épreuve à toutes marges.

200. **La Rosée** (Aloys, comte de), dessiné et gr. à l'eau-forte par *lui-même*, en 1769.

201. **Lassus** (de), baron de Labarthe, conseiller au Parlement de Toulouse, in-8.

Épreuve à toutes marges.

202. **Laumonier** (le commissaire), par *A. Docaigne*, 1762.

203. **La Valette** (Jean de), abbé.

Belle épreuve à toute marges.

204. **Lecauchois** ; petit in-8.

205. **Le Chevallier** (E.-N.).

Rare.

206. **(Le Couteulx)** : in-12 en largeur du xviiᵉ siècle, in-8
(2 états, dont un avec le nom gratté); in-12, par *Jacques fils*
et in-16 gr. sur bois. — Ensemble 5 pièces.

207. **Leczinski** (Stanislas). *Bibliothèque publique fondée par le
Roy de Pologne, duc de Lorraine, en 1750* (gr. par *Collin*),
in-4.

208. **Le Dru** (Jacques-Ph.), docteur-médecin. — 4 pièces différentes (dont une est l'*ex-libris* de son père).

209. **Le Féron de l'Hermite**, par *Tardiveau et Le Féron*, à
Rennes, 1767; in-8.

210. **Lejourdan**, Con°ʳ en l'amirauté, gr. par *S. D. T.*, en 1786;
in-8.

211. **Le Leu d'Aubilly**, gr. par *Delaitre;* petit in-8.
Belle pièce. — Épreuve un peu tachée.

212. **Le Moine** (Sil.-Ant.), D. M. P.
Jolie pièce.

213. **Le Roy**, procureur du Roy à Roüen, par *Jacques*, à Roüen.
Belle épreuve à toutes marges.

214. **Le Tellier de Courtanvaux.** — 3 pièces différentes,
dont deux anonymes.

215. **Lionne** (Laurent de); in-12 en largeur.

216. **Louis** le fils.
Jolie pièce, très bien gravée.

217. **Lucas** (T.-G.), docteur en Sorbonne et chanoine à Rouen.
— Lucas de Saint-Oüen, conseiller au Parlement de Roüen.
— Ensemble 2 pièces.

218. **Lyon** (Bibliothèques des Augustins de). — Charité de Gre-
noble, par *Lançon*, à Nancy. — Bibliothèque paroissiale de
Notre-Dame Saint-Louis. — Ensemble 3 pièces.

219. **Lyon** (Bibliothèque des Carmes déchaussés de). — 2 pièces différentes.

220. **Malfait** (Séraphin), négociant à Lille, par *Durig*, à Lille.

221. **Marsan** (le Prince de Lorraine-); grand in-8.

222. **Mascrany**, gr. par *Scotin*; petit in-8.

223. **Maton de la Varenne** (Pierre-Anne-Louis), ancien avocat au Parlement. — 2 états différents.

224. (**Mayeux**.)

Curieuse pièce. — Rare.

225. (**Mérault de Villeron**, Charles-René), dessiné et gr. par *F. Janinet*.

Jolie pièce.

226. **Merigny** (le comte de).

Jolie pièce.

227. **Mesmes** (Jean-Ant. de), comte d'Avaux, premier président au Parlement.

228. **Michaud** (J.-B.), député de Pontarlier à la Convention nationale; 1791.

Pièce révolutionnaire. — Rare.

229. **Mignot de Montigny**, gr. par *Louise le D(aulceur)*, d'après *Pierre*; in-16.

230. (**Monteynard**), gr. par *Bellon*, à Montpellier, en 1771; in-4.

Superbe pièce.

231. **Montmorin** (le comte), ministre des affaires étrangères de Louis XVI, massacré le 2 septembre 1792.

232. **Morel** (François); petit in-8 en largeur.

233. (**Moufle de Champigny**), gr. par *P.-F. Tardieu*; in-4.

Jolie pièce, rare.

234. **Nadaillac** (le marquis de). — 2 états différents.

235. **Nay** et de Richecourt (Emmanuel, comte de).

Bel ex-libris lorrain.

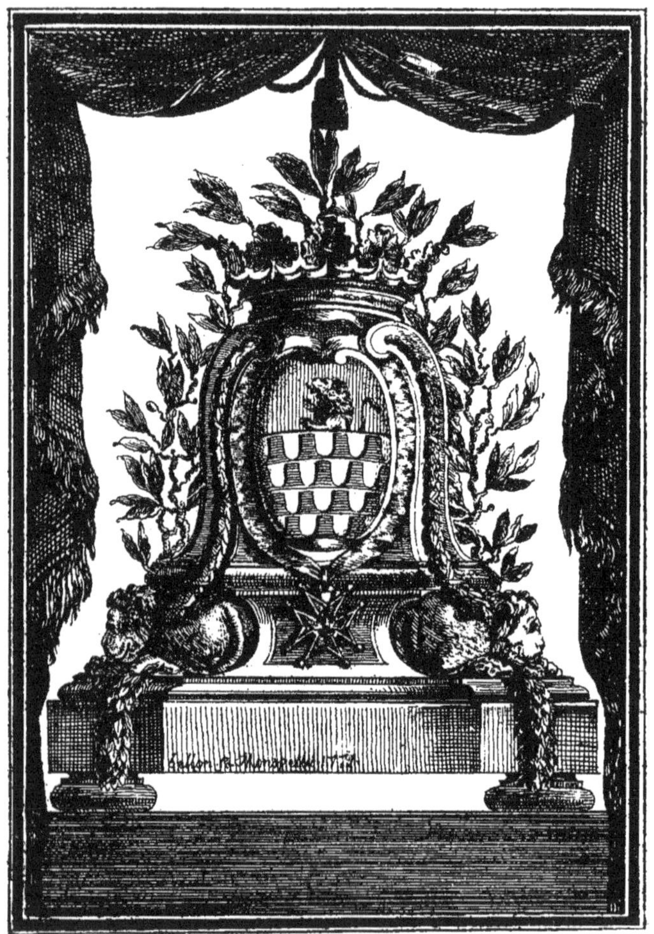

N° 230 du Catalogue.

236. Néef (F.-L.-J.-M.-J.).

237. (Noyel de la Noerie).

Jolie pièce.

238. Ollivier (André), gr. par *Chalmandrier.*

Belle épreuve.

239. Pagnien (Fr.-G.), avocat au Parlement de Douai, par *Chardenon,* 1746.

240. (Pajot de la Forest, docteur en médecine). — 2 pièces différentes.

La première pièce est une étiquette gravée renfermant le nom et les titres du titulaire écrits en caractères sténographiques (inventés par Coulon de Thévenot en 1779). — La seconde, beaucoup plus grande, renferme ses armoiries et la même inscription.

241. Palisot d'Athies; in-12. — Jean-François PALISOT; in-8, en noir. — Le même, tiré en bleu. — Ensemble 3 pièces.

242. Parent (J.-B. Joseph), conseiller du Roy; petit in-8.

243. Parent (?) de Belle-Hache, officier de cavalerie.

Jolie pièce.
Le premier nom du titulaire est recouvert par un nom manuscrit.

244. Patu (Ant.-Jacques), gentilhomme ordinaire du Roi, par *lui-même;* petit in-8.

Jolie pièce.

245. Perrault (François), recteur, de l'église de Praville, en Beauce, gr. par *Le Tillier,* en 1764; in-8.

Jolie pièce surmontée du portrait du titulaire.

246. Perrot (Pierre-Claude), attribué à *L. Monnier;* petit in-8.

247. Persan (Casimir de).

Curieuse pièce.

248. Pichault de la Martinière (Germain), conseiller du Roi; in-8 ovale.

249. (Pimodan de la Vallée de Rarécourt), par *Rose.*

Épreuve à toutes marges.

250. Pochon (Claude), 1790; in-8.

Le nom du titulaire figure dans un très beau cartouche au bas duquel on lit : *Seraucourt fecit*, 1747.

251. Podio (Jean-Pierre-Louis de), seigneur de La Loubière, dessiné et gr. par *Roy*, en 1750.

252. Poilly (Louis de).

Jolie pièce gravée à l'eau-forte.

253. Pons (le prince de), de Lorraine.

254. Pontchartrain (le comte de). — 2 pièces, in-12 et in-8.

**255. (Potier, duc de Tresmes et de Gesvres), gr. par *Trudon;* in-12 en largeur.

Rare.

256. Pupil (Pierre), président du bailliage du Bourg-Argental; petit in-8.

257. Puységur (le comte de), gr. par *J. Le Roy*, en 1764; petit in-8 en largeur.

**258. (Radeval de Selletot).

259. Raparlier, par *Derond*, à Lille; petit in-8. — 2 variantes, dont l'une *avant les tailles* du cartouche.

260. Raucour (Pierre de); in-8 en largeur.

Jolie pièce.

261. Richard de Ruffey, gr. par *J.-B. Scotin.* — Le même (anonyme). — Le même, gr. par *Fontanals*, à Dijon, en 1809. — Richard de Vesvrotte, 3 pièces différentes, dont une d'après *Scotin.* — Marc de Vesvrotte. — Ensemble 7 pièces.

Les quatre dernières pièces sont du xixe siècle.

262. Rieu; in-8.

Très jolie pièce. — Rare.

263. Riston, par *Collin;* petit in-8.

Jolie pièce à toutes marges.

264. **Rivalz de Gincla** (de), gr. par *Baumès* (à Montpellier); in-8.

265. **Rivière** (J.-B.), gr. à l'eau-forte par *Messager*.

266. **Robin** (Philippe), 1758; gr. sur bois.

267. **Roche** (Fr.), gr. par *Durand*.

268. **Roland de Challerange** (Mme), conseillère au Parlement; petit in-8.

> Jolie pièce. — Rare.

269. **Rossignol** (Robert-Pierre), membre du Parlement de Rouen.

270. (**Rothelin**) (Charles d'Orléans, abbé de); in-8.

271. **Rouvroy** (Albert), par *Durig*.

272. **Ryard** (Jean-Ant.), gr. par *C. Phelippeau*.

273. **Saint-Aubin** (de), lieutenant-général d'épée.

> Curieuse et jolie pièce.

274. **Saint-Jullien** (de); in-8.

> Belle épreuve à toutes marges.

275. **Saint-Maurice** (de). — 4 pièces différentes in-16, in-12 et in-8, dont deux anonymes.

276. **Sangnier d'Abrancourt,** gr. par *L^se Duv. (Louise Du Vivier)*, femme de Tardieu.

> Épreuve à toutes marges.

277. **Sanson.**

> Jolie pièce : épreuve un peu rognée.

278. **Sapiens,** ingénieur des ponts et chaussées.

> Jolie pièce : rare.

279. **Secousse** (Denis-François); 2 états différents. — François-Robert SECOUSSE; 2 états différents. — Ensemble 4 pièces.

280. (**Séguier**), par *Branche*; in-8 ovale.

281. **Seguret** (J.-Fr.), chanoine de l'Église cathédrale d'Alais.

> Petite pièce peu commune.

282. **Seichamps** (l'abbé H. de), gr. par *Nicole*, à Nancy, en 1743 et 1747. — 2 pièces différentes in-8.

283. **Spielmann** (Jacob-Reinbold), chimiste strasbourgeois, gr. par *J. Striedbeck;* petit in-8.

284. (**Stolberg**) (Louise-Marie de Stolberg, comtesse d'Albany), *inv. et gr. P. S. A. R.*

> Charmante composition.

285. **Talegrand**; petit in-8.

> Jolie pièce des premières années du xviiie siècle.

286. **Talon** (Antoine-Odomar).

> Jolie pièce de l'époque révolutionnaire. — Rare.

287. **Tassin-Baguenault.**

288. **Taverne de Burgault**, gr. par *Merché*, en 1771.

> Belle épreuve à toutes marges.

289. **Tellus** (Ant.-Louis), avocat à Avignon, gr. par *Deyrier*, en 1760.

290. **Terray** (Joseph-Marie), conseiller au Parlement.

291. **Thelin** (de); petit in-8 en largeur.

292. **Thesut** (P. F. Joan. de), de l'ordre des frères prêcheurs de Dijon.

> Rare.

293. **Thibault**, conseiller d'État, procureur de la Chambre des comptes, gr. par *Collin*, à Nancy, en 1756.

> Très jolie pièce. — Rature sur trois mots de la légende.

294. **Thibault** (Claude), par (*L.-G.*) *Monnier*.

295. **Thierry de Villedavray**, par *Colinet*.

296. **Thilorier** (de), conseiller au Parlement de Bordeaux, gr. par *A. Lavau*.

297. Thiroux d'Arconville, gr. par (*Louise*) *le D*(*aulceur*), d'après *H. Gravelot*. — Thiroux de Gervillier, colonel de dragons. — (Thiroux de Crosne, intendant de Normandie). — Ensemble 3 pièces.

298. Thouvenin, conseiller du Roy, son avocat procureur au bailliage de Lixheim, gr. par *Collin*, à Nancy.
Jolie pièce.

299. (Toullet de Maison), gr. par *Louise Du V*(*ivier*), femme de Tardieu.

300. Tronchin (Jean-Armand), gr. par *P.-P. Choffard*, en 1779.
Épreuve très grande de marges.

301. Tupigny-Cauvry, avocat.
Curieuse pièce gravée à l'eau-forte.

302. (Turgot), gr. par *Bidault*, en 1707. — Dominique-Barnabé Turgot, évêque de Séez; 1716, petit in-8 et 1717, in-12. — Ensemble 3 pièces.

303. Vacher (Louis), par *Monnier*, en 1768.

304. (Valbelle) (le marquis de); petit in-4.
Très belle et très rare pièce.

305. (Valicourt, accolé de Calonne).
Rare.

306. (Valory) (le comte de), gr. par lui-même (?), d'après *F. Boucher;* petit in-8.
Jolie pièce; rare.

307. Vancosten (J.-M.), par *Thérèse Brochery*.
Jolie pièce.

308. Vassal (M⁰ de).

309. Vasse (J.), gr. par *Jacques*.

310. Vichet (Alex.-Grég.), président de la chambre des Requêtes au Parlement de Montpellier; 2 variantes in-16. — Le même, gr. par *Tubert;* grand in-8. — Ensemble 3 pièces.

311. **Vichy** (le marquis de). — (Vichy d'Albon). — Ensemble
2 pièces.

312. **Victoire de France** (Madame), fille de Louis XV, gr. par
C. Baron.

313. **Vienne** (Louis de), conseiller au Parlement, par J. Gosset.

314. (**Villeneuve**, comte de Vence); petit in-4. — Le même;
in-16. — Villeneuve-Bargemont; in-12 gr. sur bois. —
Ensemble 3 pièces.

315. **Walon**, inspecteur de la maison du Roy; in-12 en largeur.
Épreuve coloriée.

316. **Wavrechin** (le comte de), par *F. Danchin*, à Cambrai.

317. **Ycard** (Charles), conseiller au Parlement de Dombes.

---

318. (**Albon de Saint-André**). — (d'Aligre). — Allard du
Bourget. — d'Allemans. — Ansart de Mony. — d'Argenson. —
d'Arre. — P.-P. Artaud. — Ensemble 8 pièces.

319. **Assenoy** (d'); 2 pièces différentes. — Comte d'Astorg, gr.
par *M. F.* — P.-B.-A. Aubaret. — R.-P. Aubert. — Richard
d'Aubigny. — Aubin. — J.-Th. Aubry, par *Martinet.* — Ville
d'Aix en Provence; 2 pièces différentes. — Ensemble
10 pièces.

320. **Bailley** (Gab.), par *L. C.* — H.-Th. Baron. — Nic.-Jean
Baudelot, par *Corlet.* — (Bauffremont). — (Ferd. de Bausset).
— Belain. — Belissen. — P.-B. de Belland. — Mᴵˢ de Bel-
sunce. — Berger-Dumesnil. — Ensemble 10 pièces.

321. **Betous** (Henri de). — Bidault. — Mᴵˢ de Bièvre. — Jean-
Mat. Bissuel. — Pierre Blanchard, 1770. — Blonbel. — Élie
Bochart. — J.-Ch. Boitet de Richeville. — Ensemble 8 pièces.

322. **Boizé** (Claude, comte de), par *L. Legrand.* — J.-E. Bordier.
— Jean Borne, gr. par *P. Lachapelle.* — Fr.-Gilles Bouché

D'Urmont. — (Boullongne). — Bourgevin. — Bourgevin de Vialart de Moligny. — (Bourgongne), par *Roy*. — Ensemble 8 pièces.

323. **Bourlier** l'aîné, 1750. — (Comtesse de Bourzac. — Ch. du Boutet. — (Brancas-Lauraguais). — (de Broglie). — Bronod. — (Brulart de Sillery). — Toussaint Bullier. — (Bullion). — Bullioud. — Ensemble 10 pièces.

324. **(Cabane)**. — L.-Cl. Cadet. — de Cailly. — de Cambon, évêque de Mirepoix, par *J. Mercadier*. — Jean-L. Carbon. — J.-M. de Catellan. — Cellier. — de Celon. — Ensemble 8 pièces.

325. **Camelin** (Marc-Hyp. de). — P. L. de Carbon, par *L.-F. Baour*. — Mis de Champagne. — Chevalier de Poligny. — Clary de Saint-Angel. — Franc. Coppette. — (Cramoisy); 2 variétés. — Martin Croissainte. — Ensemble 9 pièces.

326. **(Chabert** de Fondeville). — de Chambon. — de Chapeau-rouge-Mestrezat. — Chardon. — Chaumejan, marquis de Fourille. — Jacques Chavane. — de Chavaudon. — Ensemble 7 pièces.

327. **Chefd'hostel** (Louis), gr. par *Goüel*. — Chesneau. — Chamont. — Chevilly. — Chirurgiens de Paris (Académie des). — (Choiseul-Praslin). — Clavière. — (Clermont de Gallerande). — Ensemble 8 pièces.

328. **Cochin** (J.-D.). — P. Cochon. — J.-Æ. du Coetlosquet. (Colbert). — Collin. — Colson. — J.-B. Constant. — De Conty-Hargicourt. — Ensemble 8 pièces.

329. **Conzié** (de); 2 variétés. — Coquereau. — Costard de Bursard, 1774. — Coste de Champéron. — Cotelle de Grandmaisson. — Ph. de Cougniou. — Duchesse de Courlande. — Cousturier. — Ensemble 9 pièces.

330. **Damours**. — Dampoigné. — Darmand. — Daymar. — Debourville. — Delabarre de Joncy. — Michel Delacour. — Delaleu, par *Fr. Montulay*, 1754. — Ensemble 8 pièces.

331. **Deleau**. — DELEPIERRE de Ligny. — E. et B. DELESSERT. — DELIGNIÈRES de Bommy. — DE DELLEY. — DEMESMAY. — DEROS. — Ensemble 7 pièces.

332. **Desains**. — J.-B. DESCAMPS, par *N. Le Mire*. — Mis DES ESSARS, 1730. — DESLIGNERIS. — DESLOGES. — DESMARES (gr. par *Gaucher;* épreuve très rognée). — L'abbé DESMARETZ, gr. par *Chevalier*. — Ensemble 7 pièces.

333. **Detoulle** (Marie). — DEZAUCHE. — D'HYENVILLE, gr. par *Violle*. — Le Mis de DOLLON. — DOMMANGET. — Fr. de Paule de DOMPIERRE. — Gabriel DOUET DE VICHY. — Ensemble 7 pièces.

334. **Douglas** (Louis-Archambaud), par (*L. G. Monnier*). — H. de DREVON. — F.-N.-E. DROZ, par *Micaud*. — DUBOIS. — DUBOIS de Courval. — DUBOSC-VITTERMONT. — Ch. DU BOUTET. — L.-F. DU CHEMIN. — Ensemble 8 pièces.

335. **Duchesne** (Ant.), gr. par *M. M.* — Bernard DUFAU. — DU LIÈGE. — Comte DU PARC. — DU PUY. — L'abbé DUQUESNOY. — G. DURAND. — DUREY de Noinville. — DUTERTRE. — Ensemble 9 pièces.

336. **Estampes** (L. d'). — (d'ESTAVAYÉ). — (d'ESTIENNE). — Creton d'Estourmel). — FALQUET de Planta. — L'abbé FAUVEL. — FAVENTINE de Fontenille, par *P.-L. Cor...* — (de FEL). — Ensemble 8 pièces.

337. **Fenille** (de); 3 variantes. — FEVRET de Saint-Memin. — FIÉVET. — FLAMEN d'Assigny (épreuve raturée). — Marquise de FLEURY. — (FONTANIEU?). — Ensemble 8 pièces.

338. (**Folard**). — Nic. de FONPERINE. — FORBIN Sainte-Croix, par *Veyrier*, 1751. — Nic.-Jos. FOUCAULT. — FOUQUES. — L'abbé de FRANSSURE. — de FRÉVAL; 2 variantes. — Ensemble 8 pièces.

339. **Gaillard** (Jacques). — GALLATIN, par *Robin*. — (GARNIER). — GAUSSEN. — Ant.-Nic. GAVINET. — GAY DE MARNOZ. — Ensemble 6 pièces.

340. **Germiny**. — Gigot d'Orcy. — H.-C. de Ginoux. — (Giraugy); 2 variantes. — Gittard. — Glandèves. — Niozelles. — Gabriel de Glatigny. — Ensemble 8 pièces.

341. **Godard** (Jacques). — Goislard de Monsabert; 2 variantes dont l'une anonyme. — L.-G. Gougenot. — J.-Louis Gourgas, par *P. L.* — de Gorz. — Joseph Goy. — Ensemble 7 pièces.

342. **Gourgue** (de). — Grammont. — de Grandcour. — Grasset. — J. Ph. Grumet. — Guibert. — J.-Emm. de Guignard. — Cl.-Ant. Guillemin. — Ensemble 8 pièces.

343. **Haillet** du Fossé. — Jac. d'Hailly. — Halotel. — Alex. Hecquet. — Hemery; 2 variantes dont l'une gr. par *Moreau*. — P.-N. Hemey. — Ensemble 7 pièces.

344. **(Hennequin)**; 2 pièces différentes. — Henriquez. — d'Héricourt; 2 états. — Hurson; 2 pièces différentes. — d'Huteau. — Ensemble 8 pièces.

345. **Jacquinet** (Pierre). — Jaillot. — de Joinville. — Joly, 1744. — Josse. — (Jubert de Bouville). — Jugemage. — (Ant. Juillet); le nom est gratté. — Ensemble 8 pièces.

346. **Labastie** (D. C. de). — La Cressonnière. — (De La Croix de Chevrières). — La Cropte de Bourzac. — Duchesse de La Force. — Cl.-Nic. - Lalaure. — Lallemant. de Betz. — Ensemble 7 pièces.

347. **Lalive** d'Épinay. — Lalive de Jully. — La Luzerne. — La Michodière. — M^ise de Langeac (épreuve détériorée). — Langlois de Louvres, par *Villers*. — (De La Rive). — (La Rochefoucauld, abbé de Cluny). — Ensemble 8 pièces.

348. **Larcher** (J.-P.). — Laus de Boissy; in-12 et in-8. — Thomas Lauth. — (Maréchal de Lautrec); 2 variantes, dont l'une un peu détériorée. — De Lavergne. — Lavoisier, par *de la Gardette*. — Ensemble 8 pièces.

349. **Le Boucher** de Richemont. — Le Brun de Neuville. — J.-B. L'Écuy. — Ledoux. — Lelarge d'Eaubonne. — (Le Peigné d'Ouménil). — (Le Pelletier de Saint-Fargeau). — Ch.-L. Le Prince de Beaufond. — Ensemble 8 pièces.

350. **Le Roi** de Petitval. — LEROY des Bordes. — N.-F.-B. LE SAGE. — LE TORS de Chessimont. — LE VACHER du Plessis. — LE VER. — (LEZAY de Marnesia). — Ensemble 7 pièces.

351. **Liancourt** (le Duc de); 2 pièces différentes. — Le président de LYNCH; 2 pièces différentes. — (Mis de LORDAT). — Ant. LOUIS. — (De LUCENAY). — Les Comtes de LYON. — Ensemble 8 pièces.

352. **Macors** (B.-J.). — De MAILLY. — (De MALEZIEUX). — Mis de MARANVILLE. — MARESCHAL de Monteclain. — D. MARCUE. — MARIN. — Ensemble 7 pièces.

353. **Mars** (J.). — Benoît MARSOLLIER des Vivettières. — De MASSOL. — MASSON. — MATHIEU. — MAYNON de Farcheville. — (de MAZENOD). — Ensemble 7 pièces.

354. **Ménage** de Mondésir. — (Ch. MESSIER), 1782. — MICHAU de Montaran; 2 variantes. — (MICHEL de Léon). — Mis de MONTFERMEIL. — De MONTFLEURY. — (de MONTFORT ?), par *Laurant*. — Ensemble 8 pièces.

355. **(Monthiers)**. — D. MORAND. — MOREAU de Coeffy. — L.-L. MOUSSET, 1774. — Camille NEYRAT. — De NOVILLARS. — D'ORIGNY. — Ctesse d'OSSUN. — Ensemble 8 pièces.

356. **Pagan** (Théod.). — PAPION. — PASQUIER de Messange. — J.-F. de PAYAN. — (PERRINET). — PERRICHON-Devandeuil, 1751. — PERRIN de Sanson. — Ensemble 7 pièces.

357. **Petit** (Henri); 2 variantes, dont un timbre. — PEYSSON de Bacot. — J.-A. et J.-B. PHILIPPE; 2 pièces. — PICOT de Closrivière. — PIGNÉ de Montchevrel. — PIGOU; 2 pièces différentes. — Ensemble 9 pièces.

358. **Pinel** (Pierre). — PINGRÉ, cap. au R^t de Conty. — PINGRÉ de Fricamps; 2 variantes. — Abel-Jos. PIOCT. — Guill. PONCET de la Grave. — PONCHEL. — Ensemble 7 pièces.

359. **Ponsainpierre** (Dom. de). — F.-P. du PONT de Romémont. — Ant. POULLAIN. — C.-F. PRUVOST. — QUARRÉ de Monay, 1776. — QUERANGAL de Quervisio. — QUIQUERAN de Beaujeu. — Ensemble 7 pièces.

360. **Raussin** (Louis-Gér.) ; 2 variantes. — D.-A.-G. Rétif. — Richard, par *Bellotty*. — Richard de Ruffey, par *J.-B. Scotin*. (Duc de Richelieu) ; 2 variantes. — J. Rigaud. — Ensemble 8 pièces.

361. (**Rigoley**). — Rigoley de Juvigny. — (Bénéon, baron de Riverie). — Rivereulx de Varax. — Rogier de Monclin. — Bart.-Gab. Rolland ; 2 pièces différentes, dont l'une par *Stallin;* 1750 et 1761. — L. de Roncherolles. — Ens. 8 pièces.

362. **Roussin** (J.), gr. par *Jacquot*. — Roquencour. — (Rosen). — Rosset de Saint-Quentin. — D. Roussel. — Fr. Roux. — Cᵗᵉ de Roye. — Grégoire de Rumare. — Ensemble 8 pièces.

363. **Saint-Aurant** (de), par *Tubert*. — Amé de Saint-Didier. — Mⁱˢ de Saint-Maurice. — J.-B. de Saint-Port. — Mⁱˢ de Sainte-Croix. — J.-Fr. Samier. — Ensemble 6 pièces.

364. (**Sartine**). — Jos. de Saulcy. — Saulot de Bospin. — L.-P. Saunier. — Saussaye. — J.-B. Savoye. — Ensemble 6 pièces.

365. **Secousse** (Denis-Fr.) — (Seguins-Cohorn, marquis de Vassieux). — Cᵗᵉ de Serans. — V. Sevrey. — Soissan l'aîné. — Soufflot de Magny. — Ensemble 6 pièces.

366. (**Tarin**). — (Texier d'Hautefeuille). — Claude Thibault, par *Monnier* (le nom est gratté). — Vᵗᵉ de Tillières. — J.-B. Tissot, 1735. — (Titon d'Orgery). — Louis de Torcy. — De Trivio. — Ensemble 8 pièces.

367. (**Vaillant**). — Vaivolet, par *Galle*. — J.-O. Vallée, gr. par *Beaumont*. — Fréd.-Ch. de Valory. — De Vaucresson, gr. par *Beaumont*. — Pierre Vernier. — Ensemble 6 pièces.

368. (**Verthamon**). — De Villemur. — (Villevault). — De Villiers. — P.-N. Vingtdeux. — (Vion de Tessencourt). — Ensemble 6 pièces.

369. (**Vougny**). — (Voyer d'Argenson). — B. Voysin. — Mⁱˢ de Vrigny. — Joseph Xaupi, par *Avisse;* 2 variantes. — Anne-Thérèse d'Yve. — Ensemble 7 pièces.

370. Réimpressions modernes d'Ex-libris français du xviiie siècle. — Réunion de 10 pièces.

> AUBLÉ. — AUGARDE. — BARRÉ. — BRALLET. — DANGEAU. — DORAT. —
> DOUGLAS : 2 variantes. — DUCHÉ. — FONTENAY.

371. Réimpressions modernes d'Ex-libris français du xviiie siècle. — Réunion de 13 pièces.

> GRIMOD DE LA REYNIÈRE. — Em. HORTIN. — INGOLD. — KERSAINT. —
> MAILLOT. — MEREZ. — SALIS. — SOUCHAY. — THOUVENIN. — Etc.

PREMIÈRE MOITIÉ DU XIXe SIÈCLE

372. **Charbonnier** (B.).

> Jolie pièce très finement gravée. — Épreuve à toutes marges.

373. **Michel** (Francisque), littérateur et archéologue, gr. à l'eau-
forte, par *J.-J. Boisselat*, vers 1835; petit in-4.

> Le plus beau des ex-libris de la période romantique. — Rare.

374. **Pommereul** (le général), préfet du Nord, gr. par *Baquoy;*
petit in-8 en largeur.

> Jolie pièce classée par certains amateurs dans les ex-libris, et consi-
> dérée par d'autres comme une adresse.

---

375. **Billieux** (Ignace de), par *Simon*. — BOULLEMER de Thi-
ville. 1814. — BOURDET de la Nièvre. — Ch.-Amb. CAFFARELLI.
Th. CERFBERR. — (CHOISEUL). — (COSTA de Beauregard). —
Ensemble 7 pièces.

376. **Delacroix** (F.-A.). — DUBOSC de Vitermont. — L.-M. DURU.
— FRANÇOIS de Neufchâteau. — De GILLABOZ. — D'HÉNIN de
Cuvillers. — A. HOUBIGANT. — Ensemble 7 pièces.

377. **Jourdan** (le maréchal). — Cte de LA FERRIÈRE. — Victor de
LA GARDE. — J.-C. LEMERCIER. — Ch. LINAS. — Cte de MAROLLES.
— Cardinal MAURY. — Ensemble 7 pièces.

378. (**Narbonne**). — D.-Ch. ODIER. — De PASTORET. — PONT-CHARTRAIN, par *Aimée*. — Cte de PORTALIS. — (POULHARIEZ). — Louis ROSSAT. — G. de SAINTE-MARGUERITE. — Ensemble 8 pièces.

379. **Thiry**, gr. par *Lambert*. — Louis de TORCY. — Mis de VALA-DOUS. — Cte de VIMAR. — Maréchal de VALLERY. — VIENNOT d'Églantine. — Baron de VAUFRELAND. — Du VERDIER de Vau-privas. — Missions de Versailles. — Ensemble 9 pièces.

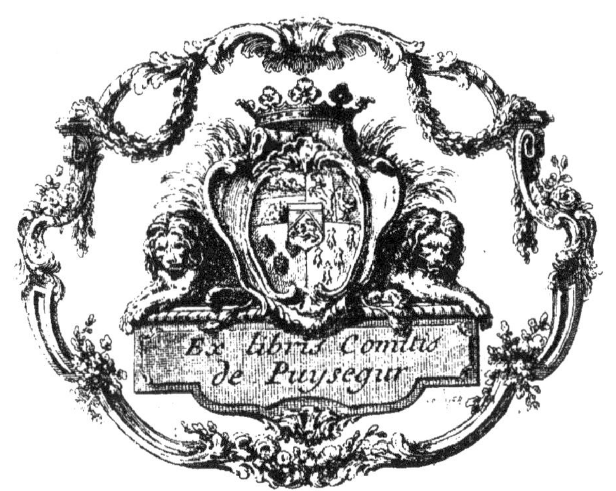

N° 257 du Catalogue.

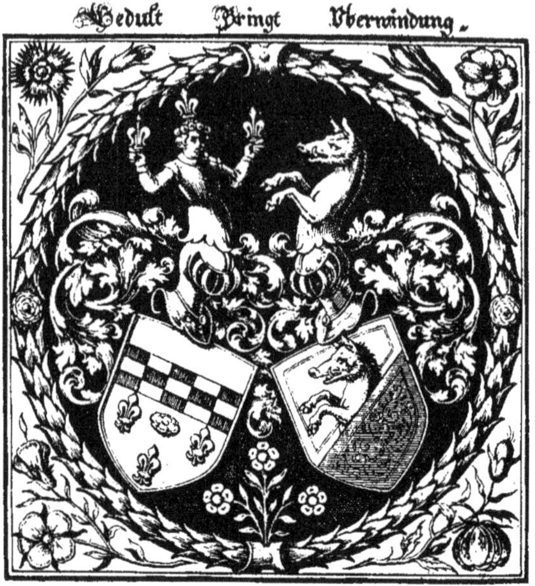

N° 380 du Catalogue.

SUISSE

XVIᴱ ET XVIIᴱ SIÈCLES

380. (**Ehrard**, accolé de Cléry.) (Fribourg).
Jolie pièce.

381. **Arregger** (Joh.-Lorentz), gr. par *V. B. S. G.*, en 1607;
petit in-4.
Réimpression.

382. **Arregger**, accolé de Lury; in-4 en largeur.

383. **(Constant-Rebecque)** (de).

384. **Escher**, à Zurich. (Ex-libris, ou adresse ?)

385. **Feriet** (de).

386. **Gobel** (J.-B.), vicaire général de Bâle. — 3 états différents.

387. **(Graffenried)** (Berne).

388. **Hoegger** (Sébastien).

389. **(Steiger-Montricher)** (Berne).

XVIIIe SIÈCLE

390. **Anonyme.** (*Une jeune femme lisant auprès d'une fontaine dans un paysage champêtre*), avec la légende : *Mes Délassements*, gr. par *J.-J. D.;* petit in-8.

391. **Calandrini** (Jean-Louis), botaniste suisse (1703-1758). — 2 pièces différentes, dont une de la seconde moitié du xviiie siècle.

  Rares.

392. **(Chambrier)** (baron de).

  Pièce rare. — Voir : *Les Ex-libris Neuchâtelois*, de Grellet et Tripet, p. 26, n° 4.

393. **Constant-Rebecque** (de). — 5 pièces différentes, dont trois anonymes.

394. **Einsiedeln** (Monastère d'), (canton de Schwitz).

395. **(Freudenreich)** (Berne).

396. **Ganting** (C.), gr. par *F. Lutz* (Berne).

397. **(Gérardin ?**, abbé de Lutzell, diocèse de Bâle); in-12 en largeur.

398. **(Greuter?)**; petit in-8 carré.

Jolie pièce, rare, tirée à la sanguine.

399. **Gonzenbach** (D.). gr. par *Bacheley*, d'après *Descamps*.

400. **(La Rive)** (de).

401. **Mückey** (J.-F.), gr. par *D(unker)*.

402. **Mülinen** (N. Friedrichs von), gr. par *D(unker)*. — Mülinen von Konitz. — Berchts. – Emmanuel von Mülinen, gr. par *F. Lutz*. — Ensemble 3 pièces.

403. **(Muralt)** (Zurich).

Belle épreuve à toutes marges.

404. **(Ott)**.

Très jolie pièce, finement gravée. — Les armes sont accompagnées de la devise : *Virtute duce, comite fortuna*.

405. **Pacot-Thierry** (Peter). — Peter Thierry. — Ensemble 2 pièces.

406. **Reynold** (G. de), capitaine aux Gardes Suisses, gr. par *J. Striedbeck*.

Épreuve à toutes marges.

407. **Robillard** (J.-L.), dessiné et gr. par *C.-G. Geissler*, à Genève.

408. **Studer** (Jacques-Xavier), recteur, à Rothenburg, 1781 ; in-8.

409. **Tscharner**. — 2 pièces différentes, dont l'une gr. par *J. Scheurman* et l'autre gr. à l'eau-forte et anonyme.

410. **Wildermeth**, gr. par *C. Störcklin*, à Zurich.

411. **Winterthur** (Bibliothèque publique de), gr. par *Schellenberg*.

Jolie pièce.

412. Diesbach, gr. par *J. R. Holzhalb*. — De Droz. — Jean de Jean Faesch. — (Gaudard de Chavannes. — J. Fr. Kuhn. — Ensemble 5 pièces.

413. Lohner (L.), gr. par *D. Burgdorfer*. — C. May, par *D* (unker). — (De Morel). — Etienne Naville (épreuve raturée). — Ph.-P. Schurer, gr. par *F. W.* — A. (Tillier). — Ensemble 6 pièces.

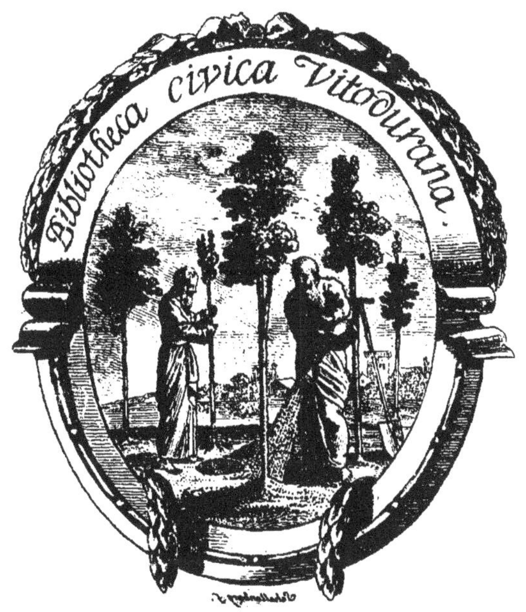

N° 411 du Catalogue.

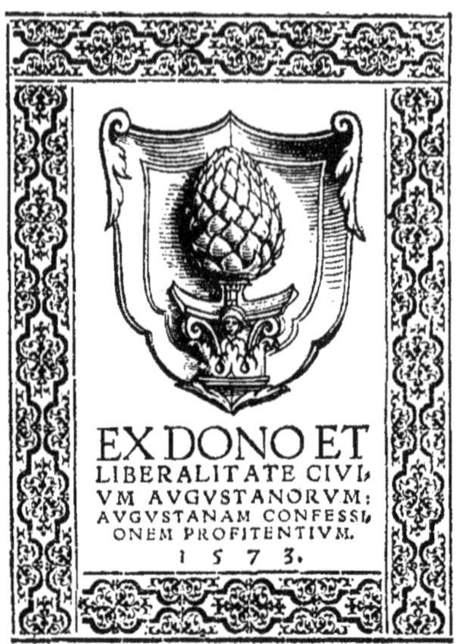

Nº 416 du Catalogue.

ALLEMAGNE

XVIᵉ SIÈCLE

414. Anonyme. — Deux écus accolés, peints en couleur sur un f. de garde, et accompagnés de la devise : *In manibus Domini sortes meæ*.

415. Anonyme *Bandé d'argent et de sable*.

Blason *dessiné à la plume*, accompagné de la date de 1512. — Au-dessus autre ex-libris manuscrit : *Petri Falck et amicorum, 1516.*

416. Augsbourg. *(Ex dono et liberalitate civium Augustanorum)*, 1573; in-4.

Très belle pièce gravée sur bois.

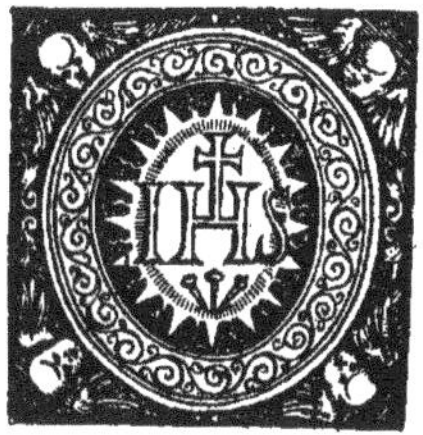

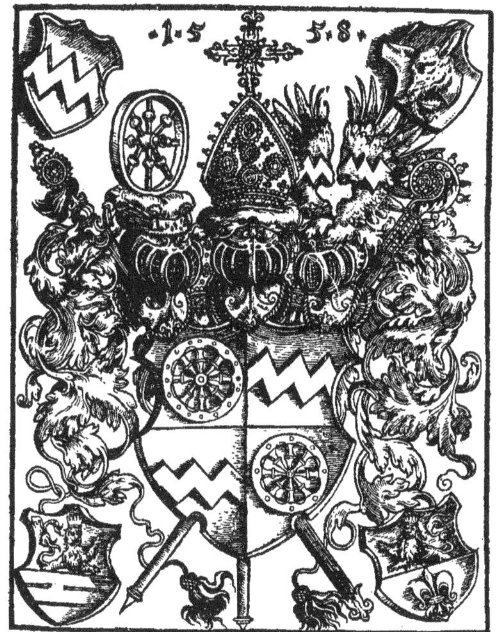

Ex liberalitate Reuerendiſſimi &

Illuſtriſsimi Principis ac Domini D. *DANIELIS* Ar-
chiepiſcopi Sanctæ Sedis Móguntinæ, Sacri Rôm.
Imperij per Germaniam Archicancellarij, Principis
Electoris, Primi Fundatoris huius Collegij Mogun-
tini, &c. *DEVS* Opt. Max. retribuat.

417. (**Brendel,** Daniel), archevêque de Mayence, 1558 ; in-fol.

Superbe pièce gravée sur bois. — Très rare.

418. Glotzer (Gabriel).

Jolie pièce, gravée sur bois et coloriée.

419. Jacques-Christophe (**Blarer ?**), évêque de Bâle ; gr. sur bois.

Belle épreuve à toutes marges.

420. (**Knoeringen**) (Henri de), évêque d'Augsbourg, gr. sur bois en 1600.

XVIIe SIÈCLE

421. Aix-la-Chapelle (Séminaire d'). — 2 états, in-12 et in-8.

422. Anonyme. (*D'or à la bande d'azur chargée de 3 étoiles d'argent. — Devise : Lucent et ornant*) ; in-4.

Superbe pièce, très rare.

423. Anonyme. (*Parti : au 1 d'argent au lion de... ; au 2 palé d'argent et d'azur*), gr. par *C.-F.-S.* (*Fréd.-Ch. Strelmeyer ?*) ; in-4.

Très belle pièce avec vue de ville dans la partie inférieure.

424. Brixen. — Bibliothèque aulique de Brixen (Tyrol).

Jolie pièce. — Rare.

425. Eberstein (Fr.-Ch. d'). — 2 états différents.

426. Ehrthal (K.-Fr.-W. von).

427. Königseck und Rottenfels (Christian, comte de), chanoine de la cathédrale de Strasbourg.

428. Maximilien-Philippe-Jérôme, duc de Bavière et Mauritia-Febronia de la Tour d'Auvergne, son épouse.

Jolie pièce. — Rare.

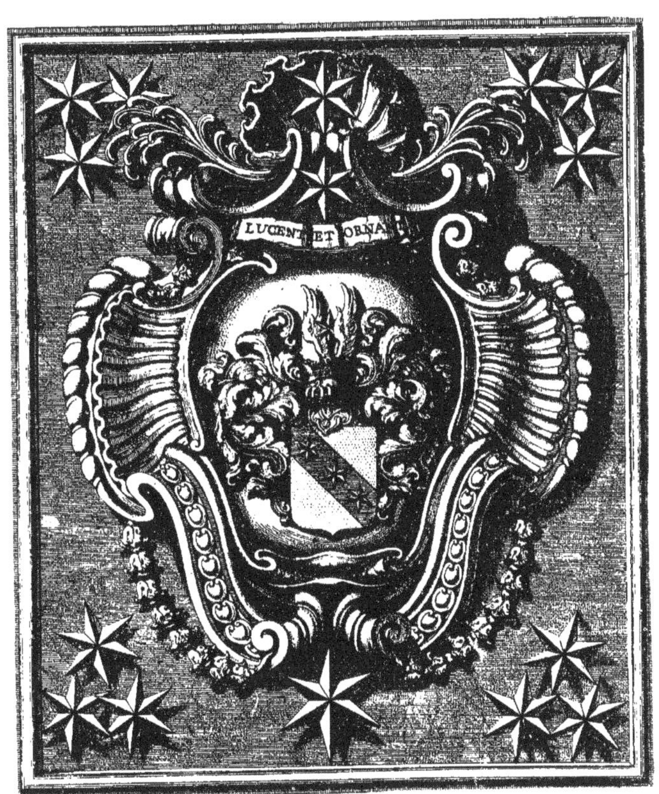

N° 422 du Catalogue.

429. **Mete** (*de Benedictione*); in-4.

Belle pièce portant les armoiries d'un monastère accompagnées de la légende ci-dessus.

430. **(Rinck de Baldenstein)** (Guillaume), évêque de Bâle; petit in-4, gr. sur bois.

Pièce rare. — Les armes sont entourées des portraits de saint Henri, sainte Marie et saint Pantaléon; le tout est placé dans un bel encadrement, dont la partie supérieure est habilement raccommodée.

431. **Seyringer** (Joh.-Carl), gr. par *Ja. de Lespier* et daté de 1692; petit in-8.

Jolie pièce. — Rare.

432. **Virmont et Nersen** (comte Ambroise de); *Bibliotheca Ambrosiana*. — 2 pièces in-12 et in-4.

Pièces rares.

433. **Würth** (Fel.-Car.), prêtre, notaire apostolique.

Rare et curieuse pièce.

XVIIIE SIÈCLE

434. **Anonyme**. (Compositions allégoriques avec la légende : *Musis et Amicis*). — 2 pièces différentes, dont une dessinée et gr. par *H. Lips*.

Très gracieuses compositions.

435. **Anonyme**. (*D'or, écartelé : au 1, à un soleil; au 2, à un globe ailé; au 3, à 3 étoiles; au 4, à une ancre; accolé : d'or à un monogramme d'azur*); gr. par *Brühl*, à Leipzig; in-12 en largeur.

Pièce très rare, tirée à la sanguine.

436. **Bajer** (J.-Jac.), docteur en philosophie et médecine.

436 *bis*. **Bavière** (Bibliothèque électorale de), 1746; petit in-8.

437. **Bencké** (J.-P.), docteur-médecin.

Jolie pièce gravée à l'eau-forte.

438. (**Böhmer**, Ludwig), gr. par *G.-D. Heumann*, à Göttingen; petit in-8.

439. Borch (W., comte de), gr. par *S. Halle*, à Berlin, en 1790. — 2 pièces différentes, in-12 et in-4.

440. Bucholtzer (J.-J.-Xav.).

441. Chotek (comte), gr. par *Joh. Boehm.* — 3 pièces diffé-rentes, in-16, in-12 en largeur et grand in-8.

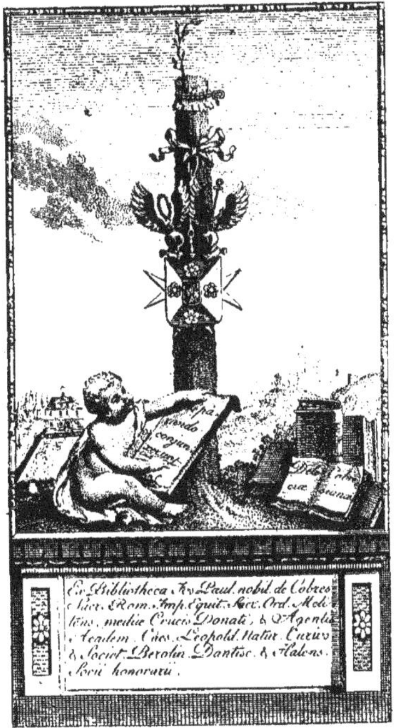

N° 442 du Catalogue.

442. Cobres (Jos.-Paul von); in-8.

Charmante pièce. — Très belle épreuve.

443. **Cothenius** (Christ.-Andr. von), médecin et chirurgien, gr. par *F.-C. Krüger*, à Berlin.

444. **Enzenberg** (François, comte d'); in-8.

445. **Erdödy de Monyorokerek** (le comte Georges-Jules). (Hongrie.)

446. **Ettling** (Gottlieb), gr. par *Jac. Andr. Fridrich.*

447. **Frick,** gr. par *J.-A. Fridrich*, vers 1740.
Jolie pièce. — Épreuve légèrement raccommodée.

448. **Friedlander** (David), dessiné et gr. par *Chodowiecki;* in-8.
Jolie pièce.

449. **Gerning** (J.-Christ.), gr. par *A.-R. Wicker*, en 1779.

450. **Günther** (C.-G.), gr. par *J.-G. Kütner.*
Très gracieuse composition.

451. **Harrach** (Joh.-Jos.-Ph., comte de). (Autriche.)

452. **Hoffmann** (G.-L.-S.), gr. par *Traiteur*, en 1761.

453. **Holstein-Beck** (F., duc de); petit in-8. — 2 états différents.

454. **Jöcher** (Christ-Gott.) (bibliothécaire de l'Université de Leipzig). — 2 pièces différentes dont l'une représente un intérieur de bibliothèque (W. n°ˢ 947 et 948).

455. **Jordan** (C.-S.), (vice-président de l'Académie de Berlin); in-8 en largeur.
Curieux intérieur de bibliothèque. — Rare.

456. **Kellner,** par M. Tyroff.
Jolie pièce. — Rare.

457. **Kollonitz** (Charles). — Ladislas Kollonitz, évêque de Gross-Wardein (Hongrie). — 2 pièces différentes.

458. **Königsthal** (Gust.-Georg. König von); in-8.
Jolie pièce.

459. **Lehnemann** (Henri-Guill.), à Francfort-sur-M., gr. par *Nothnagel;* in-8.
Très jolie pièce (intérieur de bibliothèque), tirée au verso d'un titre.

460. **Lengnich** (C.-B.), gr. par *Geyser*.
Gracieuse composition.

461. **Lerchenfeld-Siesbach** (la baronne de).

462. **Marie-Anne**, Électrice de Bavière ; in-8.
Jolie pièce.

463. **Marschall**.

464. **Maximilien I**^{er} (le comte Jacques), gr. par *T. Viero*, en 1771 ; in-8 en largeur.

465. (**Müller**, Polycarpe), par *J. D. de Montalègre*. — 2 états différents, in-12 et petit in-8.

466. **Münchausen** (Hier. von).
Jolie pièce.

467. **Munich** (Bibliothèque électorale de), gr. par *Söckler*, d'après *Ch. Wink*, en 1779 ; petit in-8.

468. **Nack** (Johann-Bernh.), citoyen et marchand de Francfort. gr. par *de Saint-Hilaire*, d'après *D. Osterländer*, en 1759 ; in-8.

469. **Nicolai** (Friedrich), libraire berlinois. — 2 pièces, in-12 et grand in-8.

470. **Oberhueber** (Jos.-Joh.).
Jolie petite pièce.

471. **Palm-Gundelfingen** (le prince Ch.-Jos.-Fr. de), 1817 ; in-8.

472. **Parthey** (Gustav), orientaliste berlinois, gr. par *Caspar*.
Jolie pièce du commencement du xixe siècle. — Épreuve sur *papier fort*. — Rare avec la signature du graveur.

473. **Prieser** (Johann-Heinrich) ; in-8 (intérieur de bibliothèque).

474. **Reuss** (Dietrich), gr. par *Berndt*, à Francfort ; petit in-8.

475. **Salern** (Joseph-Ferdinand-Marie, comte de). — 2 pièces différentes, dont l'une anonyme et l'autre gr. par *J.-N. Maag*.

476. **Salm-Kirburg** (le prince Frédéric de), 1762; in-8.
> Rare; non cité par Warnecke.

477. **Schnauss** (Christ.-Fried.), gr. à l'eau-forte par *J.-P. Gons;*
petit in-8.

478. **Schnellenberg,** baron de Furstenberg.

479. **Schwarzkopf,** dessiné et gr. par *Wachsmann*, en 1791;
in-8.

480. **Spreti** (Hieron. marquis de), gr. par *Schleich*, d'après
J. Woltz, en 1822; grand in-8.
> Jolie pièce dans le *style cathédrale.*

481. (**Stock** und Sternbach).
> Petite pièce rare.

482. **Teubern** (Ernst von), gr. par *Krüger* d'après *Klass;* in-8.

483. (**Töpsel,** Franz), prieur du monastère de Polling (Bavière),
gr. par *Jungwierth*, en 1744; in-8.
> Premier état décrit par Warnecke (n° 1603).

484. **Trott** (Adolph von), gr. par *Back*, 1766; in-8.

485. **Trotta** (Ernst-Adam-Levin von); petit in-8.
> Jolie pièce.

486. **Uffenbach** (Zach.-Conrad von), sénateur à Francfort, gr.
par *J.-U. Kraus;* petit in-4 en largeur.
> Bel intérieur de bibliothèque.

487. (**Weisenau**), abbaye de prémontrés, dans l'Allgäu.

488. **Wessobrunn** (Abbaye de), en Bavière, gr. par *J.-E. Bel-
ling*. (Warn. n° 2451).
> Jolie pièce.

---

489. **Andrée** (André). — Saint-Antoine de Vienne. — Franz von
Baula. — Jo.-Frid. Behmer, gr. par *Rössler*. — (Belderbusch).
— (Birckenfeld). — Ensemble 6 pièces.

490. **Bodmann** (Adalbert von). — Ph.-H. Boecler, médecin et
professeur à Strasbourg, gr. par *Striedbeck*. — (Max-Lud.
Bremer?). — Gabriel Cramer. — Joann.-Mich. Eltz. —
Ensemble 5 pièces.

491. Feuerlein (Johann-Conrad); 2 variantes. — FLOTOW. —
Prince FRÉDÉRIC-AUGUSTE; 2 états différents tirés en bistre et
en sanguine. — Von KRAFFT. — Ensemble 6 pièces.

492. Lepell (le comte). — Löw und Steinfurth. — (MANTEUFFEL).
— Andreas-Felix von OEFELE. — François, abbé de POLLING;
1744. — Ensemble 5 pièces.

493. Mittelrheinische-Reichs-Ritterschafftlichen Bibliothek.
— (Von RHEIN?). — Franz-Anton-Xaver von SCHEBEN. — SCHO-
PENHAUER. — Ch.-Joseph de SIMEONI. — Ensemble 5 pièces.

494. Spire (Bibliothèque épiscopale de). — Joseph STEINMAN.
— Wenzel von STERNBACH; 2 variantes. — L.-B. de VOGELIUS.
— Ensemble 5 pièces.

495. (Wagenheim). — O.-J. von WITTORFF. — Comte de WOL-
KENSTEIN-TROSTBURG. — (De ZASTROW), dessiné et gr. par *Wir-
sing*, à Nuremberg. — (ZINZENDORF). — Ensemble 5 pièces.

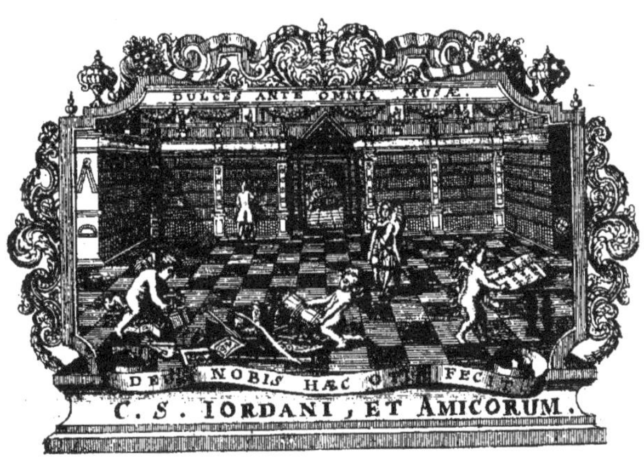

N° 495 du Catalogue.

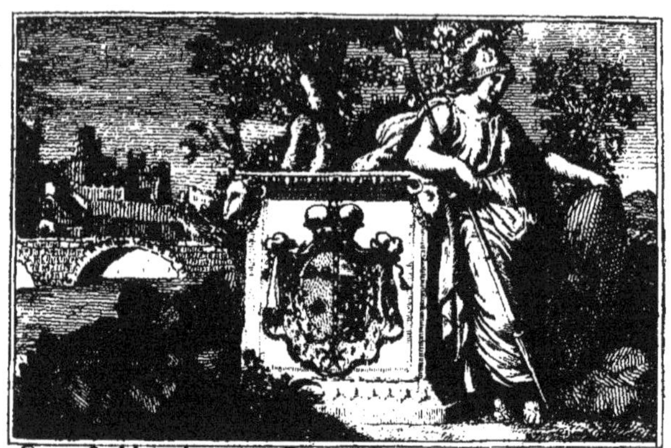

Nº 314 du Catalogue.

DIVERS

BELGIQUE

496. (**Bosch,** Louis), gr. par *L. Fruytiers;* in-12 en largeur (intérieur).

497. **Cleenewerek de Crayencour.** — 2 états différents, dont
un gr. par *Helman,* en 1768.

498. **Cuypers** (le comte F.-C.-G. de): petit in-8.

499. **Foppens** (Jean-Fr.), de Bruxelles, chanoine de la cathédrale de Bruges.

500. **Henssens** (d').

Belle épreuve à toutes marges.

501. **Magis** (Ch.-Louis de), conseiller intime de S. A. l'Evêque
et prince de Liège.

502. **Vierlinck** (J.-B), à Moorseele; gr. à l'eau-forte par *P.-H. Tiberghien.*

---

503. (**Delvaux**, Guillaume). — C. Van Hulthem; 3 pièces différentes, dont une gr. par *Jouvenel* d'après *F.-T. Suys.* — Th. de Jonghe. — (Scherer de Scherburg). — (J.-B. Verdussen). — A.-P. Walwein. — Ensemble 8 pièces.

HOLLANDE

504. **Brouder** (M.).

Petite pièce rare.

505. **Buissière** (de la).

Petite pièce, très rare.

506. **Leuvenigh** (Barthélemy de); in-8.

---

507. **Busch** (A.-G.). — Fr. Van den Clooster. — Ch. de Graillet d'Oupeye. — Jos. Van Heurck, 1737. — (Van Leyden de Westbarendrecht), par *H. N.* — (Morialmé). — Henri-Jos. Rega, méd.-doct. — Ensemble 8 pièces.

508. **Roy** (Corn.-H. à), docteur-médecin. — Xav.-Ch. Schuyer. — F.-I. Schwendt, gr. par *Traiteur*, en 1761. — E. Van Shertogen. — Amadeus Svajer. — De Vroe. — Wachtendonck. — (Zeerlider). — Ensemble 8 pièces.

ITALIE

509. **Bergame**. — Bibliothèque des Capucins de Bergame.

Curieuse pièce.

510. **Calogiera** (Angelo), abbé du Monastère de Saint-Michel de Muriano, près Venise. — J.-P.-Ant. Cornelio, moine camaldule du même monastère. — Ensemble 2 pièces.

511. Cavalli (Léonard).

Jolie pièce gravée à l'eau-forte.

512. Malaspina (le marquis de), gr. par *P. Zancon;* in-12 en largeur.

Epreuve à toutes marges.

513. Marefoschi (le cardinal Mario).

Epreuve à toutes marges.

514. Marsico-Nuovo (Pignatelli, prince de); in-8 en largeur.

Jolie pièce. — Rare.

515. Pasta (Maria); in-12 en largeur.

Jolie pièce gravée à la manière noire, vers 1815.

516. (Pignatelli d'Egmond). — 2 états différents et une étiquette.

517. Ponte (Laurent-Ant. da), patricien de Venise.

518. Vincentini (César-Louis); in-8.

Curieuse pièce.

---

519. Agrifoli. — Victor ALFERI. — Cardinal Th. ANTICI, tiré en bleu. — (ARCHINTO). — (BENTIVOGLIO). — Girolamo BOLOGNETTI. — Ch.-Ambr. CAFFARELLI. — Vincenzio CAPPONI. — Ensemble 8 pièces.

520. — Corti (Giulio). — Le comte Ant. FACIPECORA. — Le comte FONTANELLATI. — Paul MEZZI. — Bernard NANI, vénitien. — (NIZZATI). — (ORELLI). — Co. RICCATI. — Ensemble 8 pièces.

521. Sapi. — SORBERIO. — (TERZI), 2 épreuves et une étiquette. — Le prince Caracciolo della TORELLA. — (Comte de VALMARANA). — Bibliotheca Castelli VILLIACEI. — ANONYME. — Ensemble 9 pièces.

ESPAGNE

522. Alvarez de Abreu (Ant.), par *Paul Minguet*. — Le
marquis d'Angeja. — Jos. Pardo de Figueroa, par *Paul Min-*
guet, 1733. — Ensemble 3 pièces.

523. Pinto de Fonseca; in-4.

Armoiries.

524. Vargas-Macciucca (Francisco); in-12 en largeur. —
Thomas Vargas-Macciucca; épreuve tirée en bleu. —
Ensemble 2 pièces.

GRANDE-BRETAGNE

525. (Birmingham), chirurgien à Paris et à Londres, par *J.*
Ingram; in-8.

526. Bragge (Charles).

Jolie pièce, finement gravée. — La marge inférieure manque.

528. Eliock (Lord).

529 Ferrar of Huntington (Edward).

530. Forbes de Granard (Irlande).

531. Gage (Sir Thomas), baronet, gr. par *Bartolozzi*, d'après
Signcira, en 1805; petit in-4.

Belle et rare pièce.

532. Nash (Treadway).

Belle épreuve à toutes marges.

533. Selby (Charles, baron de).

Curieuse pièce dont les tenants sont un paysan et un matelot habillés
à la mode des dernières années du xviii° siècle.

534. **Smith** (Joseph), consul anglais à Venise.

535. **Stourbridge** Library, instituted 1790, gr. par *Howe*; in-8.
Charmante composition.

536. **Thornbury** (le Rév. Nath.), R. of Avening.
Pièce rare, tirée en bleu.

———

537. **Ainslie** (James). — James BINDLEY. — John CALWERT. —
J. J. COSSART. — W. J. DENISON. — L. W. DILLWYN. — Ensemble 6 pièces.

538. **Fairholme** (George). — FALLE. — W. FAWKENER. —
— (FITZMAURICE, comte de Kerry); 2 variantes. — Robert
FUITE. — Ensemble 6 pièces.

539. **Gordon** of Buthlaw. —(GURDON of Letton?) —(HAMILTON of
Trebinshum). — Th. HESILRIGE. — Th. HEDGES. — J.-T. KEMPE.
Ensemble 6 pièces.

540. **Kincaid**(Patrick). — Comte de LALLY-TOLENDAL. — George
LOCH. — MAC-DERMOTT. — J.-A. MACONOCHIE. — Fréd. NORTH.
— Ensemble 6 pièces.

541. **Macartney** (George, comte de). — Fréd. M⸰ FARLAN. —
John PEARSON. — George RAITT. —John WATSON. — Ch.-Hope
WEIR of Craigiehall and Blackwood. — Ensemble 6 pièces.

542. **Meade** (Thomas). — John ORD. — S.-P. PEACH. — John
PEACHEY, 1782. — Edmund PHIPPS. — Andrew POMIER. — Ensemble 6 pièces.

543. **Rogers** (John). — Jos. SEDGWICK. — David SKINNER. —
Horace WALPOLE. — Matthew WIFE. — John YOUNG. —
Ensemble 6 pièces.

544. **Anonymes**. — Ensemble 8 pièces, dont l'une est un *dessin original au lavis*.

POLOGNE

545. **Rzewuska** (la comtesse Constance), née princesse Lubo-
mirska ; in-32 en largeur.

Jolie petite pièce, fort rare.

546. **Sapieha** (Alexandre, comte de).

Curieuse et très rare pièce, gravée à l'eau-forte.

547. **Vandalin de Mniszech** (le comte Michel).

548. **Wengierski** (le comte Th. Cajet. de Wengry).

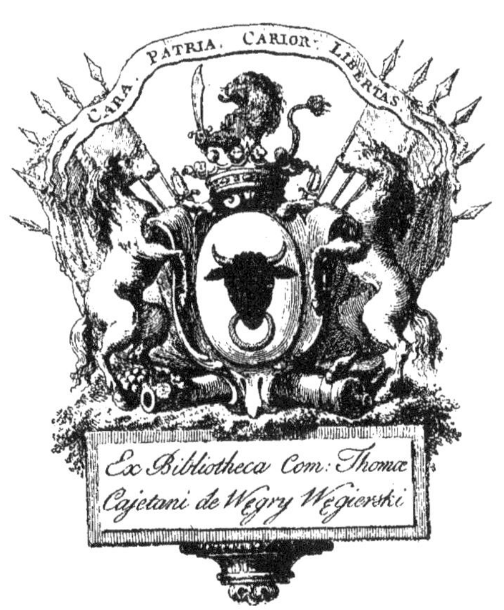

N° 548 du Catalogue.

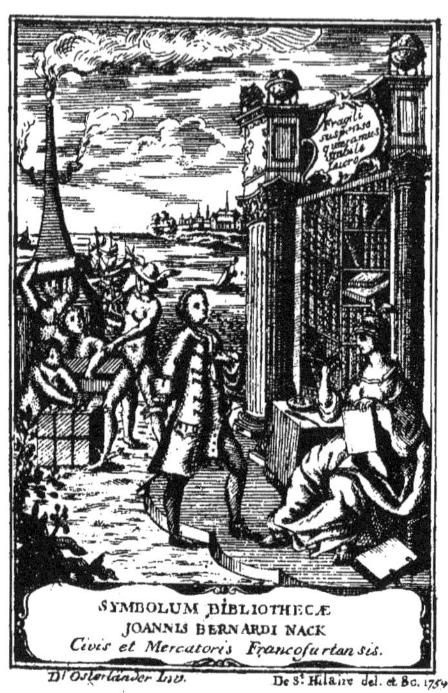

N° 468 du Catalogue.

OUVRAGES SUR L'ART HÉRALDIQUE

ET LES EX-LIBRIS

549. **La Vraye et parfaite science des armoiries, ou l'Indice armorial de feu Maistre Lowan Geliot**, apprenant et expliquant sommairement les mots et figures dont on se sert au blason des armoiries, et l'origine d'icelles. Augmenté de nombre de

termes, par Pierre Palliot. *Paris*, 1660, 2 vol. in-fol. papier vergé, front. nombr. fig. de blasons et tableaux généalogiques br.

Réimpression fac-similée, publiée par Édouard Rouveyre, en 1895.

550. Dictionnaire des Figures héraldiques, par le comte Théodore de Renesse. *Bruxelles*, 1892-1903, 7 tomes en 39 fascicules in-8, 39 pl. de blasons, br.

Ouvrage complet.

551. Dictionnaire des Devises historiques et héraldiques avec figures et une table alphabétique des noms, par MM. A. Chassant et Henri Tausin. *Paris, Dumoulin*, 1878, 3 vol. in-12, 5 pl. contenant 36 fig. gr. br.

---

552. Archives de la Société française des Collectionneurs d'Ex-libris. *Paris*, 1894-1900, 7 années en 85 livraisons gr. in-8, nombr. pl. hors texte et fig. dans le texte.

Collection complète jusqu'en 1900.

553. Les Ex-libris et les marques de possession du livre. par Henri Bouchot. *Paris, Rouveyre*, 1891, in-12, pap. vélin teinté, 2 front. et 31 fig. br.

Tiré à petit nombre.

554. French Book-plates, by Walter Hamilton. *London, Bell*, 1896, petit in-8 carré, front. gr. planche et 169 fig. cart. perc. verte, tête dor. non rog.

555. Marques de Bibliothèques et Ex-libris Franc-Comtois, par Jules Gauthier, archiviste du Doubs et Roger de Lurion. *Besançon, Jacquin*, 1894, in-8 de 2 ff. prél. 75 pp. de texte et 15 pl. contenant 21 ex-libris, br.

556. Mélanges sur les Ex-libris. — Réunion de 8 brochures in-8 et in-4.

Les Ex-Libris oratoriens, par le P. Ingold. *Paris*, 1892, 12 fig. — The Book-Plates of Ulrick Duke of Mecklenburgh, wood cuts by Lucas Cranach and other artists... collected and edited by Charles Teske. *Berlin, Stargardt*, 1894, 9 pl. renfermant 14 fig. — Catalogue of a portion of the collection of Ex-Libris formed by Walter Hamilton. *London*, 1897,

9 pl. renfermant 10 fig. — Catalogus van Geslachtkundige werken, Wapens, enz, van het Genealogisch en Heraldisch Archief te Oisterwijk. *Oisterwijk*, 1893, 52 fig. d'ex-libris. — Catalogue of a valuable collection of Book-Plates, *London 28 th January* 1897. — Numéros de l'*Estampe et l'Affiche*, du *Collector* et de la *Revue des Arts graphiques*, relatifs aux Ex-Libris.

557. Les Ex-libris Neuchâtelois, par Jean Grellet et Maurice Tripet. *Neuchâtel, Tripet et Colin*, 1894, gr. in-8, texte encadré d'un fil. r. avec de nombr. fig. front. gr. et 19 pl. contenant 35 ex-libris, br.

Tiré à 300 exemplaires numérotés (n° 153).

558. Journal of the Ex-libris Society, edited by W. H. K. Wright... assisted by Arthur J. Jewers. *London, Black*, 1891-1900, 10 tomes en 14 livraisons in-4, nombr. pl. hors texte et fig. dans le texte.

Collection complète jusqu'en 1900.

559. Book-plates (*Ex-libris*), by Arthur Vicars. *Plymouth, West-cott*, 1893, 2 séries en 1 vol. in-4, 15 pl. contenant 32 ex-libris, cart. bradel perc. brune.

Library interior Book-plates. — Literary Book-plates.

560. Rare Book-plates (*Ex-libris*) of the XVth and XVIth centuries, by Albert Durer, H. Burgmair, H. S. Beham, Virgil Solis, Jost Amman, etc. edited by Frederick Warnecke. *London, Grevel*, 1894, 1 tome en 5 forts fascicules in-4, pap. vélin fort, fig. et 100 pl. d'ex-libris montées sur onglets, br.

561. Deutsche Kleinkunst in zwei und vierzig Bücherzeichen gezeichnet von Joseph Sattler. Miteinem vorwort von Friedrich Warnecke. *Berlin, Stargardt*, 1895, gr. in-4 de 10 pp. de texte et 42 pl. noires et *en couleur*, en feuilles, dans un carton. perc. blanche, fers spéciaux.

TABLE DES DIVISIONS

N° 1064-II

Paris. — Typ. Ph. Renouard, 19, rue des Saints-Pères. — 44038.